あなたはどんな「老い」を生きたいですか？

谷口郁子 著

TANIGUCHI FUMIKO

眼を閉じてみて……
明日は、あなたの八十八歳の御誕生日です。
何が見えますか？
何の声が聞こえますか？
何の香りがしますか？

Art Days

ヨーツホイ高齢者住宅での
ハンナさん（左）と娘さん（右）

デンマークにあるカリタス（精
神疾患患者向け施設）の中庭

ヨーツホイ高齢者住宅のエントランス
には大きなオブジェが置かれていた

N.Y.のカルバリー病院玄関にあった
メモリアルプレート（一種のお墓）

N.Y.のナーシングホーム「イザベラホーム」入口で見た光景

あなたはどんな「老い」を生きたいですか？

序

このたび、薬剤師の資格をもつ谷口郁子さんがこの「介護」の本を出版されることになった。一昨年の夏に、ニューヨークで老人の介護に関する日米シンポジウムに私が出席した時に彼女が同行され、アメリカ合衆国の東海岸と西海岸の老人ホームやホスピスなどをいっしょに見学した。

私のその旅の間での彼女との会話から、私は彼女は薬剤師という言葉では包みきれない医療と福祉にまたがった大きなスケールでの仕事を始められていることを知った。

本著の内容としては、彼女の現在されていること、またこれからやられようとしている、彼女のいう、新しい介護のシステムづくりをデザインするのに役立つデンマーク、アメリカ合衆国、そして日本の介護システムの資料が、わかりやすく紹介され、また非常に厳しく批判されている。

彼女は第三章に書かれているように、共立薬科大学を卒業して薬剤師の資格をとり、企業の研究所で医薬品の研究開発に携われていたが、直に患者さんと接したい、しかもただ調剤薬局で働くのでなく、「地域のかかりつけ薬局」をさらに発展させて多角的なサービス、すなわち「顧客の医療、福祉、保険と保健にわたるサービス」を実直に提供しようとしてアメリカ合衆国にまで留学を思い立たれたのだ。

ニューヨーク大学で病院経営学を勉強し、ニューヨークで学びつつ現地法人イムノ・コーポレーションUSAを設立されたという。

そして、帰国後は、イムノエイト社の事業として医療分業の相談医療所開設相談や医療経営コンサルタントの仕事をチェーンの調剤薬局（十万人顧客のカルテ《薬歴》を預かっての、徹底的な顧客サービス）をやってこられ、その上、さらに本著の主題である介護支援事業所を開設された。その上で自身がケア・マネージャー（介護支援専門員）という資格までもとっての陣頭指揮をされるという大活躍である。

本著には、まずスウェーデンとともに福祉国家のモデルのデンマークの二十世紀冒頭に始まった国民への福祉、介護システムが今日どのように進展して施設ケアから在宅ケアに向かったかが具体的に、そして鋭い観察力で分析され、そのよさが高く評価されている。

次にアメリカ合衆国での老人ホームの実態が、複雑なアメリカの保険制度の解説とともに紹介されている。

デンマークでは、福祉国家や地域の政策としてシステム化されているのに対して、第二章で述べられているごとく、アメリカ合衆国では市場原理が働いて、そこには光の老人介護と影の老人介護との対比の実相が厳しく批判されている。

第三章には、日本の介護保険の実態がわかりやすく紹介され、始まって一年あまりの日本の介護保険事業の問題点が浮き彫りにされ、その現状の中でイムノ介護支援事業の活躍が述べられている。そして、自分が総理大臣だったらという見出しで、勇敢に提言がされている。

第四章は、結語としてすべての人に死がくることを踏まえて、日本人に死の教育が必要なことが強調されている。アメリカでは、急性心筋梗塞による急性死が老人に多いことに対して、日本人は、徐々にくる老化に加えて、慢性の習慣病（癌、脳卒中など）による死亡の多いことは対照的に人生のかなり長い最後のステージにいかなる介護を受けて人生の質（ＱＯＬ）を維持するか、その場合の医療や介護の選択をどう賢くすべきかが論ぜられている。在宅か施設か、その最後のベッドの選び方が読者に問われている。そしていよいよ日本の女性は自分のポジションをどう決めるべきかを問い、その反応により日本の福祉が大きく左右されることを切り込んだ文章で、読者に迫るように訴えている。

本著に紹介されたデンマーク、アメリカ、日本の三つの国の医療と介護システムの現状は実にわかりやすく鮮やかに書かれているので、この本を読まれた方は強い刺激を受けられると同時に自分や家族、日本の介護問題を切実に意識し、今まで以上の批判力で日本の医療と福祉、介護の現状を見直されるものと思う。

この本の著者はプロローグで、私が関与した『葉っぱのフレディ』の記事をもって自己反省をしつつ、今後の薬剤師、薬局経営者、ケア・マネージャーを抱合したイムノエイト社の経営に深入りする決意を述べられている。

本著は今までの「介護」の本とはまったく違った新鮮な、切り込みの深い、そして、介護を企画するもの、受ける者へのよき指導書であることを信じ、これを推薦したいと思う。

聖路加国際病院理事長

日野原　重明

もくじ

序——日野原重明（聖路加国際病院理事長） 3
プロローグ 11
第一章　デンマーク・ショック　ファンタスティック福祉の国を訪れて 19
ハンナさんの家—ヨーツホイの高齢者向け最新住宅 21
風土と歴史が生んだ福祉の知恵 27
デンマークの福祉百年の自負 31
福祉のシステム・年金制度 37
自立した生活を支える在宅ケアシステム 41
福祉の器としての住宅 50
提供されるさまざまな住宅 53
できる喜びを支える補助器具 62
「安心できる家」—精神疾患プライィエム・カリタス 67

第二章　アメリカの光と影　77

ある家族の決断　79
クリントンの挫折　83
「お金がなければ始まらない」―アメリカの医療保険制度とは　88
「民間」医療保険って何？　92
生活の変化から思わぬ感染症に　95
アメリカの医療保険早分かり　100
おそまつな公的制度　107
老人たちの悲鳴が、アメリカ政府を動かした！　111
「金のなる木」としてのナーシングホーム　114
お年寄りのおかれた状況とは　117
「ナーシングホーム産業」の正体　119
膨れ上がる費用、増大する需要―追われる老人たち　122

ナーシングホーム「産業」が生みだしたもの 126
メディケイド・ミル 133
「私をケアしてほしい！」 136
助長される老人差別主義 138

第三章　いま、介護保険の現場から 143

介護保険スタート 145
医療と福祉の橋渡しをめざして 149
ケアマネジャーに挑戦 153
ケアマネジャーの仕事って何？ 156
介護保険制度早分かり 163
見えてきた介護保険の問題点 176
素描　イムノ介護支援事業所の日々 183
最近の情報から 188

もし私が総理大臣だったら 192

第四章 赤いカーディガンのQOL 195

死をめぐる日本人の思い 198
キュアからケアへ 201
在宅ホスピスをめぐって 205
税か保険か 211
デンマークの医療制度のこと 214
福祉を支えるスタッフたち 217
どんな「ベッド」を選ぶの? 221
女性のポジションが福祉を決める 225

感謝の言葉 230

プロローグ

二〇〇一年九月十一日を境に世界は変わった、といわれています。アメリカで起こった同時多発テロの日……。たしかに、世界がもっていた意味、世界の流れが、この日、変わってしまったのかも知れない。

自宅で、遅めの夕食をすませ、ちょうどCNNニュースをつけていた私は、ライブで流れてくるニューヨークの貿易センタービルの映像に釘付けにされました。航空機がビルに突っ込む瞬間、ストップモーションのように感じられ、何が起こったのか、とっさには理解できず、映画の一場面が挿入されたような、現実のできごとではなく、つくりごとのような、いやこれは嘘なのだと、何か悪いジョークなのだと、必死で思い込もうとしていたのです。

そして、やにわに受話器を取り、ニューヨークにいる現地社員たちのところに電話をかけまくりました。現地にいながら、まだ事態を知らずにいる社員に「とにかくテレビをつけて、見て！　見て！」と叫んでいました。

この時期、例年なら私もニューヨークに滞在していたはず、なのです。ちょうど娘の受験もあり、年の後半は長期の海外出張は控えていました。「あなたはどこなの、だいじょうぶなの」といつもならニューヨークにいる私のことを気遣ってくれる友人。「私はだいじょうぶ、日本にいるのよ」

と答える私。そして、運命の瞬間がふたたび迫ってきました。

まるで、天を突く巨人がしゃがみこんでしまうように、くずおれてしまうように、ビルがゆっくりと倒壊する。そんなばかなこと！　あの貿易センタービルが崩れてゆく！　ひざがガクガクと震え、立っていることもできない。恐怖とも驚きともいえない叫びが口からもれて、その自分の叫び声におののいている私がいる。

貿易センタービルは、まさにアメリカ的存在、アメリカそのものの象徴です。いい意味でも悪い意味でも、アメリカ的なるものを示していたと思う。ニューヨークに行けば私も必ず訪れる場所で、「ああいま自分はアメリカにいるんだ」と一番感じさせてくれるところでした。そしてそこには何万人もの人が働き、訪れる。そのビルが二つともに崩れ去り、いまは巨大な瓦礫の山になっている。その下には、まだ何千人もの犠牲者がいる。ニューヨークにいる私の社員及び直接の友人、その家族は無事でした。でも、それ以上を尋ねることはできなかった。あれだけの犠牲者のなかに、一人の関係者もいないということは考えられないから。

アメリカを中心に、反テロリズムの名の下に戦いが始められました。日本も遅れてはならじと、急遽法律をつくって自衛隊を派遣することになりました。けれど、空爆の下でまたもや罪のない人々が犠牲を強いられている。暴力と暴力、憎しみが生む新しい憎しみ、この連鎖を断ち切ることができなければ……。

二〇〇一年という、二十一世紀の始まりの年に、私たちに与えられた試練はあまりにもむごく、重たいものでした。

ささくれ立った、渇ききった心が、ひとしずくの清水を求めるように、ここのところ私は『葉っぱのフレディ』をよく手にしています。この、けっして長くはないお話を読むのはもう何度めでしょう。私は翻訳ではなく、アメリカで出された英文の絵本のほうがなじみがあるのでそちらをもっぱら呼んでいるのですが、それでも、あっけないくらい早く読み終えてしまいます。そこで、もう一度もう一度、と読んでしまうのです。

『葉っぱのフレディ』は、日本でも、みらいななさんという方の翻訳で絵本として出版され、大きな反響を呼んだものなのでみなさんもご存じかと思いますが、アメリカの教育者で哲学を教授されていたバスカーリア博士が、ご著書も多いなか、その生涯でただ一冊出された絵本です。

春、楓の梢に生まれた葉っぱのフレディが、同じ葉っぱのダニエルやクレアたちと一緒に太陽の光や風を受け、夏には大きな葉に成長し、人々に涼しい木陰をつくり、語り合う憩いの空間を提供します。やがて秋がくるとそれぞれの葉っぱはめいめいの彩りをもって紅葉します。その違いを不思議がるフレディに、先輩格のダニエルは答えます。

「葉っぱは生まれた時は同じでも、成長していくなかで陽の照り方も風の当たり方も違う。だからどの葉もそれぞれにつくられる色素に特徴があるから紅葉の具合も違うんだ」と。

秋は実りの季節、人の人生もまたどうその人が生きてきたか、その道のりはすべて違う。どなたもが、それぞれの方の彩りをもって人生の成熟期を迎えるのでしょう。

さらに季節はめぐり、冬の訪れの予感がします。紅葉した木々を北風が揺らします。冬が来たから僕たちは引っ越すんだよと言うダニエルに、フレディは散ることは死んでしまうこと？　と死の不安をもらします。ダニエルは優しく、だれもが経験したことのないことに対して怖いと思うのは自然なこと、すべてのものは変化していくこと、死もその変化の一つであること、葉っぱとして十分に働き、遊び、人々の役にたってきたことは幸せだったと語り、フレディに別れを告げて散っていきます。

翌朝、降る雪のなか、フレディも静かに梢を離れていきました。物語は次の春の訪れを告げて終わります。

「木の葉はいつかは死ぬけれど、いのちは永遠に生きている」。これはダニエルの言葉として語られたメッセージ。降りしきる雪に埋もれていくフレディは、ほかの枯れ葉たちと同じように、土の中で朽ち、養分となって木々の根に吸収され、いつか春の芽吹きの中で新しいいのちとなって蘇ってくる。いのちは循環している……。人もまた、同じいのちの存在。いのちがいのちをつないで、連綿として歴史をたどってきたのです。

あらゆるものが流転し、絶えず変化する、死もまた、変わりゆく姿の一つであり、けれど終着ではないんだ、と。

読み終えるたびに、ほうっと心が軽くなり、なにか、高原のすがすがしい空気を胸一杯に吸い込んだ時のような、瑞々しい酸素が血管を通じてからだ中に送られ、新しいエネルギーがみなぎってくるような、そんな気持ちになります。

もう一冊、みなさんにご紹介したい本があります。それは『「フレディ」から学んだこと』。お書きになったのは、私の尊敬する日野原重明先生です。先生ご自身が、『葉っぱのフレディ』にたいへん心打たれ、その感動をもって音楽劇として書き下ろされました。その台本と、フレディのいのちの旅をめぐる哲学的随想がまとめられたものです。この本も、私の心を深く癒してくれるものでした。

この本の中で、森繁久彌さんのエピソードが触れられています。森繁さんは、『葉っぱのフレディ』の朗読をされ、そのCDもとても評判になって、大ヒットを記録しました。けれど、このCDが出された同じ年の一月に、森繁さんは息子さんをがんのため五十八歳の若さで亡くされていたのです。父の森繁さんは八十六歳でした。生きていく希望も失い、仕事をされる気力もまったくなくしてしまい、ただ日々を亡くなった息子さん、奥様、そして身近な方の死ばかりを思って過ごしていた森繁さんが、出合ったのが『葉っぱのフレディ』だったのです。

日野原先生との対談のおり、こう語られたそうです。

「これを読んでいるうちに、涙がどんどん流れて止まらなかったが、読み終った後は、救われた気持ちになりました。いのちは循環するという言葉をバスカーリア博士からもらって、いったんは失った気力を取り戻しました。息子のいのちは永遠に生きているのですからね。

私も、葉っぱのフレディだ、これからの人生をもう一度力一杯に生きよう、と決心しました」。

『葉っぱのフレディ』との出合いで「甦った」森繁さんは、いま、あらゆるものの「いのち」のなかに、息子泉さんの「いのち」の息吹を感じながら、確信をもって生きておられるのでしょう。

「私にそういう時が来たら、敢然として、にっこり笑って死んでやろう」と。

日野原先生のこの本から、もう一つ引用させていただきます。

「私が若い時、まだ戦後二十年位までは、目の前の病み悩む人間というよりも、病む臓器に私たち医師は一番の関心を向けていた。しかし、今の私、臨床生活六十三年の長きにわたって携わり、八十八歳の米寿を越え、幸いなことに今でも現役の医師として働くことが許されている今の私はどうか。

最近の私が強い関心を向けているのは、習慣病で苦しむ中年の男女、生きる望みを捨て死を待つ老人、または限りあるいのちを自覚しながらも助けや救いを求める癌の末期患者、こうした人々の病む臓器というよりも、病み老いる人々のいのちの質（quality of life）にかかわることがらである」。

ＱＯＬ、『葉っぱのフレディ』のなかでも、バスカーリア博士が絶えず私たちに問いかけ、示された「いのち」、そのいのちのあり方の一つとしての「死」というもの。私も、それを凝視しながら、いのちの質、ＱＯＬを考えていきたいと、いま思っています。

医療の世界から福祉介護の世界へ、キュアからケアへ。この本をまとめていくプロセスは、私自身がもう一度学びなおす過程でもありました。

インフォームド・コンセント、そして自己決定、一番大切なことなのに、私たち日本人はなかなか自己決定することに馴れていませんでした。でも二十一世紀、いま介護保険の時代を迎え、それぞれの方が自分自身のあり方を考え、自分で決めていく時代。自分はどうしたいのか、どう生きるのか、そしてその究極に、どう死を迎えたいのかがあるのでしょう。

　ケアマネジャーとして、ケアプランを立てるとき、そのことにも心をいたせる人間でありたい。その方に対して「最終的にあなたはどうされたいのですか」と尋ねることのできる力量をもつこと、度量をもつこと。アメリカのチャプレンは日本のケアチームにはいませんが、何かチャプレン的な役割、宗教的・霊的なものをとらえてあげられるような、そんなケアマネジャーの存在であってほしい。理想的かも知れませんが、それでなければ、本当の意味でその方に合ったケアプランなんて立てられないんじゃないか、と思うのです。

　そのために、たとえば『葉っぱのフレディ』や映画でも何でも、読んで観て、そういう「いのち」を感じられるような心の教育をしたい。少なくとも、私は、私自身はもちろんのこと、我社のケアマネジャーにはそういう心の教育を一緒にしていきたい。いま、覚悟を決めました。

第一章

デンマーク・ショック

ファンタスティック福祉の国を訪れて

ハンナさんの家
——ヨーツホイの高齢者向け最新住宅

エントランスを抜けると、人々のさんざめきの声がしていい匂いが私の鼻をくすぐります。そこはこのグループホーム型の集合住宅のキッチンで、ボランティアの人たちが住人の方のために夕食の準備をしているところでした。なにかシチューのような煮込み料理の匂い、そしてバニラエッセンスのなんともいえない甘い香りも漂います。わあ、デザートを作っているんだ、思わずのどがごくり。いろいろなクッキングの匂いが組み合わされたゴージャスな香りが、訪れた私の気分まで豊かにしてくれました。みんなで集まることもできそうな食堂に続いた、オープンカウンター式の明るいキッチンで、私もついお料理がしたくなってしまうようなステキな空間。壁際にはさりげなく、小さな鉢入りのグリーンがつるされています。

「日本でお年寄りのための施設といって、こんなきめこまやかな演出がされているかしら」。そんな思いを抱きながらキッチンのわきを通り過ぎてゆくと、明るいガラス張りの部屋にでました。緯度が高く、暗く長い冬をすごす北欧の人々は、ことのほか太陽の光を大切にします。このサンルームにも温かな午後の光があふれていました。そこで私を迎えてくれたのが、藍色をした、たくさんの目玉（に見えたんです）のついた滑稽なオブジェ。見ているうちに人や動物の顔に見えてきたり、自然とこちらの口元に笑いが浮かんでしまうような、コミカルな魅力にあふれています。そういえば、玄関ホールのそばの庭にも、トーテムポールのようなオブジェがありました。やっぱり違うなあ。日本だったら老人ホームやケアハウスにこんなオブジェは置かないもの。デンマークの人のユーモアたっぷりの発想、私は大歓迎です。

ふと奥のほうに目をやると、車椅子にのった老婦人と寄り添って立つ老紳士の姿。二人は熱心に本を読みあっているようでした。壁に作りつけになった棚には本が並び、冬も暖かいというこの場所は、住人にとってもかっこうの憩いのスペースなのでしょう。ここにもゆったりとした静かな時間が流れていました。

サンルームを抜けて廊下を曲がると、ドアの横にかかった一枚のおばあさんの絵が私たちを迎えてくれました。ハンナさんの部屋です。この絵は、ハンナさんのお部屋の表札だったのです。

ハンナさんはいま八十五歳、この最新型の住宅には半年前に移り住んだのだそうです。私たちを招き入れてくれたのは娘さんでした。彼女は近くに住んでいて、毎日のようにハンナさんの様子を見に来ているとのこと。将来はここで一緒に暮らしてもいいと思っているのだと私たちに話してくれました。ヨーツホイの広い敷地には、いまハンナさんが住んでいる、単身やご夫婦が入居される規模の大きくない集合住宅タイプの高齢者住宅（ちなみに一ユニットは九住居）のほか、家族が入居するような一戸建てスタイルの住宅もそろっています。どちらにしても、高齢者のためのケアサービスも施設も充実していて、そのくせけっして施設くさくない環境の中で安心して暮らしていけるのです。娘さんにしても、自分自身の老後のことを考えながら、こんなに良い環境で自分も過ごしたいと、自然に思ったのでしょうね。

ハンナさんのお部屋の広さは四十五平方メートルで、日本式にいえばほぼ二十七畳に当たります。居間の一隅には使い込まれたソファとテーブルが置かれ、ハンナさんにとっての懐かしい家具であることは一目でわかりました。食事のためのダイニングテーブル、お客さんがきてももてなせるように椅子もそろっています。十畳以上はありそうなお部屋ですからゆったり。引き戸で仕切られたむこうがベッドルーム、やっぱり七、八畳はありそうです。ベッドはケアをする時にも便利な介護用ベッド。簡単な煮炊きや、お茶をいれて楽しめるように小さなレンジなどのキッチンセットも備えられています。単身者用の住宅は、この二部屋とトイレ（バス）ルームで構成されています。

私を一番驚かせたのは、トイレ。車椅子を使ってもらくらく入れ、介護をするにも充分なスペースです。四畳半ほどもあるでしょうか、思わずうなってしまいました。

居間の正面には大きな窓があります。窓辺にはグリーンの鉢植えがいくつも並べられ、午後の光を浴びています。カーテンはおしゃれな黄色、テーブルクロスも黄色です。飾られた鉢植えの花も黄色でした。べつなサイドテーブルにのっているのは、濃い紫のセントポーリア。ハンナさんが座っているのは鮮やかなブルーの布張りの肘掛け椅子です。そしてクッションはきれいなブルーグリーン。とにかく色にあふれていて、それでいて調和のとれた佇まいなんです。

壁に飾られたいくつかの絵は、さっきみた表札代わりのおばあさんの絵とおんなじ淡いパステルカラーの水彩画です。実はハンナさんは若い頃から絵がお好きで、ずっと描いていらしたとのこと。表札のおばあさんは、ハンナさんの自画像だったんですね。以前住んでいらした家の庭かテラスでしょうか、青いパラソル、青い帽子、青いストライプのワンピースを着て、午後のお茶を楽しんでいるような様子。もうすこし若かった頃みたいです。いまはもう、ハンナさんは絵を描くことはないけれど、大好きだった絵にかこまれて暮らしている。この部屋を飾っている黄色とブルーの鮮やかな色づかいは、娘さんがハンナさんの好みに合わせて選んだものなんだな、と私は思いました。

通訳の方を介してしばらくお話を聞き、私たちはお部屋を辞しました。ハンナさんには軽い痴呆の症状が出始めているとのことでしたが、とりあえず現在はここでの暮らしにとても満足されていることがわかりました。

個人のプライバシーがきちんと守られ、けっして広いとはいえないけれどゆとりのある自分の空間と、たっぷりした共用スペース、ボランティアをふくめての安心できるケア体制がここにはあります。痴呆がもっと進行した場合の将来の不安はありますが、ハンナさんの現在は幸せなものに思えました。

私たちは再びキッチンのところに戻りました。そこにはもうひとつ私たちを驚かすことが待っていました。それはキッチンに備えられた九つの冷蔵庫で、この住宅に住む個人用なのです。中に入れられている材料も住人の好みに合わせて購入されたもので、料理もそれを使って各人向けに作られ、それぞれの部屋で食事をするのが基本なのだそうです。さっきキッチンから漂っていたいい匂いも、そんなお料理だったんですね。共同キッチンでの共同炊事、とついつい考えてしまいますが、こんな日本的常識（？）はみごとに背負い投げをくわされました。さらに案内の方の説明は続きます。

各部屋の電気のメーターが独立しているのは予測の範囲内ですが、キッチンの冷蔵庫をはじめ、各自に区分可能なものは水道料などもふくめすべて個人の使用に帰するという話には二度びっくり。デンマークの個人主義というものはこういうものなのか、と正直考えさせられ、なにか潔さすら感じたのでした。

同じ屋根の下に暮らしているのにみずくさい、とか、何もそこまでこだわってやることはないのに、と私たちは思ってしまいがちですが、そこがデンマーク人の違うところ。今日自分は何を食べたのか、それをはっきりいうことは日本だとどうもわがまま、とうけとられがちです。けれど、デンマークではそれは当然の自己主張、基本的な人間の意思表示で、まったく当たり前とされています。これは欧米の人々全般にいえることかも知れませんが、個人主義の歴史、個人主義の思想そのものが違うのです。日本では「個人主義」的な人だというと、どうもエゴイズム（利己主義）のにおいを感じてしまうことがありませんか。でもこれは、間違った使い方のようです。

十九世紀の思想家キルケゴールが唱え、デンマークの人々に大きな影響を与えた個人主義は、次のようなものといわれています。

「人間の一生は、過去・現在・未来から成る。現在の私は、自分の過去の歴史から理解することが出来る。つまり過去に何を行い、どんな選択をしたかにより理解出来る。そして将来の自分は、いま自分が行うことと選択することにより決定される。人間一人一人の人生は、他人の責任において営まれるものではなく、完全に個人の責任において営まれるものである。」

自己責任に徹するこのあり方は一見孤立主義のようにも感じられますが、真に自己選択、自己の意志を守りきることができて初めて、他者の尊重、他者の尊厳を守ることができるのです。

二〇〇〇年初夏に訪れたデンマークへの視察の旅。この国の社会福祉を考える時、「個人主義」という言葉がひとつの大切なキーワードになりそうです。

風土と歴史が生んだ福祉の知恵

　スウェーデンやノルウェーなどと並ぶ北欧の福祉先進国デンマークは、実は環境先進国でもあります。地球環境問題では、旧西ドイツ時代から現在までドイツの積極的な取り組みはつとに有名ですが、デンマークの省エネ政策もほぼ三十年の実績をもっているといいます。日本でスーパーマーケットでトイレットペイパーの買い占めが起こった、一九七三年のオイルショックのとき、やはり中東からの石油にエネルギーの九割を負っていたデンマークでも、いやおうなく国のエネルギー政策の大転換が迫られました。自然エネルギーの開発に取り組んだのと同時に、あらゆる分野での省エネ・省資源対策がとられるようになり、八五年に国として正式に原子力の導入を否定したのをはさみながら、継続して政策が積み重ねられました。

　環境・資源問題に対する政策は、けっしてお題目やスローガンで進められたわけではありません。たとえば補助金制度や税制の整備、デポジット制などのシステムといったきめの細かな、しかも経済合理性のある方法で地道に着実に実効をあげたのです。そして今日、環境破壊や地球温暖化が現実的な危機として私たちに迫っているとき、ヨーロッパのなかでもこの問題に最も積極的な国のひとつがデンマークです。

温暖化防止のための京都会議を主宰し、議長国として京都議定書をまとめながら、しかも環境政策を国の大きな柱にすえ、国際貢献分野に環境問題を第一にあげている日本が、いまだに腰のすわらない対応をしているのとは大きな違いですね。石油危機当時、日本でも深夜の放送は自粛され、街のネオンは消えました。でも私たちは「喉元すぎれば熱さを忘れる」ではないけれど、デンマークの人々のような継続した努力をしてきたとはいえません。企業が開発した省エネ製品を買うときも、環境に配慮してというよりもっぱら家計を考えて、というのが私自身をふくめて正直なところではないでしょうか。ペットボトルのリサイクルはなかなか進まないのに、便利だというとついついミニボトルに手が出ます。ようやく、資源ゴミとしてゴミの分別が始まりましたが、どうも面倒臭さのほうが先にたってしまいます。

デンマークでは、ゴミになるものを作らないこと、買わないこと、出さないことが徹底していまず。人々は当たり前に、日常的にそれを行っている。どこにその違いがあるのでしょう。

税金が高いということもあって、国民の政治への関心はとても強いといいます。情報公開も進んでいますから、国民のチェックも厳しいでしょう。そしてなにより国民自身が、自分たちの暮らしのあり方、国の姿、自然や環境と未来について真剣に考え、議論して、決めているのではないでしょうか。「将来の自分は、いま自分が行うことと選択することにより決定される」というキルケゴールの言葉は、ここでも人々のなかにたしかに脈打っています。

デンマークの人々が、とくに自然にたいしての意識が強いのは、この国が農業自給率一五〇パーセントというヨーロッパでも屈指の農業国だからかも知れません。けれども北緯五十五度よりも北に位置する寒冷な気候で、土地もけっして肥沃とはいえません。北海に面したユトランド半島とシエラン島、ローラン島、フュン島といった大小の島々からなるデンマークは、国土の面積としたら北海道よりやや小さいほど、そこに五百二十万人が暮らす小国です。大きな川や高い山もなく、家畜の放牧のための牧草地（有数の酪農国です）や麦畑がなだらかな丘陵地に広がり、見渡すかぎり緑の大地、というのが初夏にこの国を訪れた私の印象でした。その緑のそこかしこに白い三つ羽根の現代の風車（風力発電機）がゆったりと回っています。家々は煉瓦づくりで暖かな色彩をおび、なつかしい童話の世界を思わせ、町並みもヨーロッパらしい歴史を感じさせる落ち着いた趣深いものです。

でも、この国の歴史はそんなに明るいものだったわけではありません。十九世紀の前半にはナポレオン軍に加担したことからイギリスとのあいだで戦争になり、デンマーク政府は敗戦する前に破産してしまったり（一八一三年）、十九世紀半ばにはドイツとの戦いに敗れて、国内では豊かな実りをもたらしていたユトランド半島の南部の肥沃な土地を失ってしまいました。天然資源にも恵まれなかったデンマークは、ヨーロッパのなかでもほんとうに貧しい国だったのです。

アンデルセンの童話の国・デンマーク、それはけっしておとぎの国ではありませんでした。寒さに凍えたマッチ売りの少女が売り物のマッチの火でつかのまの暖をとり、小さな光のなかに幸せの風景を夢見たように、貧しいデンマークの人々は国を復興し、厳しい自然のなかで自分たちの暮らしを支えていくためには、力を合わせ助け合っていくしかなかったのです。

よく、デンマークは国土も狭く、人口も少ない小国だからこそ、福祉国家としてまとまることができた、国が小さいから可能なのだという人がいます。私はその考え方は大きな間違いだと思う。小さな範囲ならやりやすいといって、では仮に北海道だけで一国として成り立っていけるでしょうか。それはとても難しいことです。困難な状況のなかで個人の力を社会に出し合い、社会が個人を支えていく、デンマークの社会福祉は、過酷な自然環境や過去の歴史から人々が学んだ、生きていくための知恵だったのかも知れません。

デンマークの福祉百年の自負

デンマークを訪れた私が衝撃を受けた二つの言葉があります。

「デンマークには寝たきりという言葉がありません」

「デンマーク人は自分の老後にまったく不安をもっていません」

「寝たきり」という言葉自体がないのは、絶対に寝かせきりにはしないから。「老後に不安がない」と言い切れるのは、彼らの貯蓄額をみれば明らかです。これについては後の章で日本などとの比較で改めてみていきたいと思いますが、つとに有名な北欧の高い税金、彼らは自分自身で貯金をするのではなく、国家、社会に貯金している、だから大丈夫なのだと公然と言ってのけます。彼らが絶対の自信をもっている社会福祉のシステムは、いつ頃からどうやってつくりあげられてきたのでしょう。まず首都コペンハーゲンでの取り組みからみていきたいと思います。

「コペンハーゲン市の高齢者福祉は長い歴史的背景をもっています。ここではかなり昔から入居施設や在宅ケア制度が整備されはじめましたが、以来、集積された経験が今日の日常業務にも役だっています。仕事熱心なプロフェッショナルなチームが心をこめて高齢者の介護にあたっていますが、市内の高齢者の構成とニーズの変遷にともなって、仕事の内容も改善されていかなければなりません。私たちはコペンハーゲン市の高齢者福祉をいろいろな意味で誇りにしており、多くの方々がこれを参考にしてくださることを望んでいます」

視察に訪れた私たちを前に、コペンハーゲン市のペア・マーチヌッセン医療・保健担当市長はこう挨拶されました。

「ローマは一日にしてならず」の言葉どおり、世界でも屈指のデンマークの高齢者福祉の制度は短期間でできあがったものではありません。百年にわたる長い歴史的な流れのなかでつくりあげられたものであり、デンマークの厳しい自然環境や人々の暮らし、価値観といったものと強く結びついていて、けっして偶然の産物ではないのです。

イギリスで始まった産業革命の波がデンマークに到達したのはヨーロッパのなかでは遅かったのですが、工業化の進展とともに労働者たちはしだいに力をつけてきました。そして十九世紀の終わり、一八〇〇年代末から一九〇〇年代の初頭にかけて労働運動が本格的に実力を勝ち取ると、彼らはひとつの要求を掲げるようになりました。

「社会の発展のために生涯働き続けた者が高齢に達したとき、社会がその人々を援助すべきである」と。

それまで個人の責任とされてきたいろいろな問題について、公共の責任を求めたわけです。こうして今からおよそ百年前に、公共責任、集団責任という考え方が提起され、その動きが、デンマークの高齢者福祉が発展していくための、大きな原動力となりました。

さらに一九五〇年代後半から六〇年代を通じて、高齢者福祉の発展に拍車がかけられるようになりました。それを促したのは女性たちの動きです。この頃から、女性たちの労働市場への進出が活発化し、その結果、それぞれの家庭のなかだけで、従来のように高齢者の介護をしていくことが、大変困難になってきたのです。

また、人々の意識も徐々に変わっていきました。各世代はそれぞれ独立した生活を送るようになり、「子どもが親の世話をする」という意識も義務感もなくなりました。それと並行するように、高齢者自身の意識も変化して、子どもに頼って一緒に暮らすことより、独立した生活を求める人たちが増えてきました。

こうして、デンマークの社会福祉、とりわけ高齢者福祉は、社会や時代の変化のなかで人々の要求をくみとりながら、またその負担をともに負っていくことの合意をとりながら、歴史的につくりあげられていったのです。

けれども、人々の高齢者に対する考え方は、時代とともに変遷していきました。

昔、日本にも座敷牢というものがありましたが、デンマークでも高齢者、とくに痴呆の人など籠に入れないまでも、悲惨で孤立した状態でした。十九世紀末から二十世紀の初めにかけて、いまお話したように「高齢者の面倒は社会がみる」という考え方が出てきたわけですが、そこでの高齢者観は「何かをしてあげる対象」であり、世話をしたり親切にしてあげるべき存在でした。基本的な姿勢は「ケア」であり、その結果、生み出されたものは老人の無気力、そして痴呆の始まりです。残念ながら、この考え方は一九六五年頃まで続きました。

その後打ち出された老人観は「オブジェクト」、何かを一緒にする相手。これは「活性化」という基本的姿勢と結びついていましたが、結果的に「自信や自尊心の喪失」をまねき、高齢者には恐怖感や不安、錯乱をもたらすものでした。この状態も一九七三年頃まで続いたのです。

現在、デンマークの人々は高齢者に対して、あくまで「独立した個人」という人間観をもっています。基本姿勢は「セルフケア」。高齢者といえども一方的なケアの対象ではなく、協力しあいながら、ともに何かを行う相手なのです。そこから生まれるのが自己の能力の活用ということ、自信や自尊心の強化です。

ここにも、デンマークの人々を支える確かな「個人主義」が、見えてきませんか?

もうひとつ、プライィエム（ナーシングホーム）の歴史からも、デンマークの高齢者福祉の百年が見えてきます。

プライィエムは、日本流にわかりやすくいえば老人ホームのようなもの。健康上の理由などによって、自宅での生活ができなくなった高齢者が、入居するための施設です。

コペンハーゲン市では、一八〇〇年代の末、高齢者福祉をそれまでの貧民救済制度から切り離すことが決議されました。それまで、老後の問題をふくめ個人の生活の問題はすべて自己責任とされて、限られた貧しい人々だけが社会による「救済」を受けていたのです。けれどもそこには常に、貧困の烙印がつきまとったでしょう。この考え方が転換されたとき、ほんとうの福祉の歴史が始まります。

一九〇〇年代の初め、コペンハーゲン市は高齢者だけを対象にした入居施設の建設に乗り出しました。それがガムレスビュや今日のナーシングセンターであるルースンです。そこは救貧院などとは違って、けっして貧困の烙印を押される場所ではなかったはずです。けれど収容型の大規模な施設でした。コペンハーゲンでは二十世紀の半ばまで、この二つの公共施設と多数の民間法人が運営しているプライィエムが、自立生活が困難になった高齢者のための福祉の枠組みとなっていました。

一九六〇年代になると、先ほども触れたような老人観の変化にも伴って、コペンハーゲン市は高齢者を対象とする一連の介護施設（日本の老健施設のようなもの）を、新たに建設するようになりました。この時期に、高齢者住宅、保護住宅、ケア付き住宅など、介護や援助のためのニーズに応じた各種の住宅形式も開発されています。

一九八〇年代の後半から九〇年代にかけての時期は、いわゆる伝統的タイプの施設からの脱皮が図られた時代です。一九八七年には、高齢者住宅に関する法律が、国会を通過。この法律は、従来の「施設」的色彩の強いプライィエムの新設を停止し、それに代わり、独立した「住宅」形態を基本とする新しいタイプの介護住宅を整備していこうとするものでした。ここにも、高齢者を「独立した個人」と見るようになった人間観の変化が反映されています。

コペンハーゲン市議会は一九九四年に高齢者住宅計画を可決し、時代にマッチした介護住宅とは「小型キッチンと専用トイレ、バスルーム付き二部屋からなる住居」であると定義しました。それに付属して共同の居間や共同キッチン（大型）などのサービススペースが設けられているものです。この住宅タイプは、いちばん最初にご紹介した「ハンナさんの家」のスタイルです。

こうして見てきたように、高齢者に対する考え方の変遷はその時々の政策決定に反映され、また打ち出された政策によって、人々の意識もさらに変わっていくのでしょう。

今日の政策の基礎となる考え方が提示されたのは、一九七九年、国が設置した高齢者委員会による答申でした。当時、デンマークでは石油危機以来の経済の落ち込みが続き、一方で押し寄せる高齢化の波のなかで、福祉政策をどう進めるかの岐路に立たされました。この問題をどう解決していくのか、高齢者福祉政策の基本的理念が、この委員会で検討されたのです。そこで打ち出されたのが高齢者福祉の三原則でした。

「一、継続性、二、残存能力、三、自己決定」がキーワードです。

「その人が住んできた同じところで、同じライフスタイルで、生活のリズムを変えずに」というのが「継続性」。「その人に残されている能力を最大限に発揮、発達させる。そのために必要な援助を最大限に行う」のが「残存能力」。「どういう援助を受けるかは本人が決定する」のが「自己決定」です。

この三原則は、その後の高齢者福祉政策のあり方を方向づけ、個々に現実の処遇のあり方が決められる場面でも、十分に機能しています。

福祉のシステム・年金制度

デンマークの福祉制度を支える大きな柱が年金制度です。一八九一年、ヨーロッパでも初の試みとして、デンマークは老齢手当に関する法律を定めました。これは、市民権を剥奪することなく、六十歳以上の人すべてに生活扶助を受ける可能性を保障したものです。

それまでヨーロッパでは、イギリスの救貧法に代表されるように、援助を受けることはすなわち貧困者の烙印を押されることであり、それは市民権の制限を伴っていました。けれども、デンマークではこの法律によって、「公共の援助を受けることは恥ではない」という考え方が確立され、「品位ある老後の生活」への期待が生まれたわけです。品位とは尊厳です。人間としての尊厳を守ること、デンマークにおける高齢者福祉の思想は、年金制度によっても百年の自負をもっています。

一九二二年に、この年金受給の開始年齢は六十五歳に引き上げられました。さらに、一九三三年には社会改革が行われて、年金受給者全員に一定額が保障されるようになりました。それ以前は、年金額の算定が各自治体に任されていたのです。社会改革によって年金に関する一律の基準が定められ、長期間にわたってこれが社会的弱者に対する保障制度の基盤となっていました。

一九五六年に年金開始年齢は六十七歳になり、この時代が長く続きましたが、一九九九年、六十五歳に引き下げられました。

この国民年金には、基本額のほかにさまざまな手当がついています。たとえば住宅費や暖房、薬などの手当です。ちなみに、二〇〇〇年五月の時点では、基本額は月々四一三〇クローネ（一クローネは十五・七円）でした。

デンマークの行政機構は、まず国があり、その下にある十四の県（アムト）と二百七十五のコミューン（コムーネ）から成り立っています。ただし首都のコペンハーゲン市とフレズレクスベア市はコミューンでありながらアムト（県）の機能も果たす特殊な存在です。また県とコミューンは上下の関係ではありません。

それぞれの行政範囲としては、県は医療保健分野（すなわち医療保険と病院）を受け持って県立病院や家庭医などを通じて住民に医療を供給します。日本でいえば市町村に相当するコミューンは、社会福祉・保健領域を担当し、社会支援法に基づく援助や関連施設の運営などの責任をもっています。それぞれが地域の実情に合わせて、高齢者や障害者に対する独自の福祉政策を決定し、実施する責務を負っているわけです。

日本でもゴールドプランの策定に合わせて、各市町村に独自の老人福祉計画の立案が求められましたが、その内容はまだまだとてもお粗末なものでした。介護保険の主体者は基礎自治体（市町村）だといっても、これも残念ながら足腰が定まった感じがしません。日本の実態については、後の章で見ていきますが、いずれにしてもスタートラインに着いたばかりというところでしょう。

福祉における地方自治も、デンマークのそれは歴史が違う、ということです。

国の責務としては、まず進むべき方向を決めていくこと。政策の骨子の策定です。具体化は各自治体（県・コミューン）の仕事です。さらに年金の支給と地方自治体への補助金の支給も国の仕事です。ただしここでも、県とコミューンには独自の地方税（県民税・コミューン税）を課し、財源を確保する権限が認められています。


国民年金について、もう少し詳しく見ていきましょう。

国民年金はデンマークの社会福祉の一環として、すべての国民に必要最低限の生活レベルを保障してくれるものです。先ほど少し触れましたが、デンマークでは六十五歳に達すると、すべての人が国民年金を受給するようになります（ただしデンマークに居住している期間が四十年に満たない場合は減額されます）。財源はすべて租税で賄われていて国が負担します。日本では、年金は社会保険方式がとられていて、一部税金も使われていますが、将来への不安もあっていまそのあり方が問われているところです。デンマークにおける税方式はひとつの大きな特徴です。

年金の支給額は、基礎額と年金加算手当からなっています。基礎部分は年金受給者すべてが対象ですが、引き続き労働による収入があり、その所得が一定額を超える場合に限り減額されます（七十歳以上は全額支給）。年金加算手当というのは、国民年金の一部として設けられた制度ですが、受給者自身や配偶者に一定額以上の所得がある場合には減額されます。単身者の場合は加算手当が増額されます（特別年金加算手当）。さらに、経済的に困窮している人は個人加算手当の支給も申請できます。困窮者と認定されれば、この手当が適用されて、必要であるのに自分では支払うことのできない費用を賄うことができます。例としては、医薬品、歯科治療費、眼鏡の代金などがあげられ、個別、継続出費ともに適用の対象になります。この個人加算手当以外の国民年金収入は、すべて課税の対象です。

また年金受給者は、住居費をカバーするために住宅手当の申請もできます。額や形態は、賃貸や持ち家などその人の住んでいる住宅のタイプによって評価は別々。つまり、申請した人の経済力や住宅費の額が評価の基準です。この住宅手当は課税対象ではありません。ちなみに、年金受給者以外の人でも、持ち家や民間の協同組合住宅に住んでいる人はダメといった制約はありますが、家賃補助や入居費融資などの住宅費援助があります。ここにも、住宅を福祉の器として大切に考えてきたデンマークの人たちのあり方がうかがわれます。

これまで見てきたように、国民年金の支給額は個人別に算定され、一様ではありません。年金の支給額およびコミューンから支給されるその他の給付は、個人の年金以外の所得によって左右されます。デンマークの課税基準をごく単純に表現すれば、「所得が多ければ多いほど、自己負担も多くなる」ということ。国民年金の支給額もその考え方に準じて決められるわけです。ただし、その支給額によって、ホームヘルプなどの無料サービスの条件に影響が及ぶということはありません。

デンマークの年金制度は、けっして贅沢はできませんが、ごく普通に暮らしていくのに充分な金額を保障してくれています。だから人々は、「貯蓄がなくても、老後は安心」なのでしょう。

自立した生活を支える在宅ケアシステム

デンマークでの老人観の変化とともにケアの場所が施設から住み慣れた地域、在宅へシフトしてきたことはすでに述べました。これは一方では膨れ上がった社会福祉予算を抑制するという財政的側面ももっていました。ケアと住まいが一体化されたパッケージとして提供されるプライィエムのような施設型システムは、どうしても経費がかさんでしまいます。多種類のケアサービスと高齢者住宅、保護住宅、在宅、プライィエムという「住」スタイルを柔軟に結びつけ、施設や設備も多機能化して、労働資源も有効に配分する、統合ケアの制度が模索されました。

高齢者ケアの軸足が在宅におかれたことは確かです。でも忘れてはいけないのは、デンマークではすでにプライィエムやケア付き住宅など、ある程度の施設・設備の整備が行われていたということです。必要に応じて選択することができるのです。老人ホームもケアホームも、在宅支援のためのデイケアセンターもショートステイもまったく足りないまま、在宅を推進している（たてまえは生活の継続性をいいつつ）いまの日本のやり方は、ちょっと待ってよ、順番が違うんじゃないですか、といいたいのです。つい不満がでてしまいますが、日本のことはあとに譲って、ここではデンマークの在宅ケアを見ていきましょう。

コペンハーゲン市では、現在六十七歳以上の高齢者のほぼ九割が、場合によっては市からのケアサービスの提供を受けながら、自宅で自立した生活を送っているといいます。できる限り自分の家で暮らし続けたいというのは、誰しもの希望です。それを現実にサポートしてくれるさまざまなサービスが用意されています。

ただ、誤解がないように申し上げておきたいのは、福祉の国デンマークだからといってすべてのお年寄りが手厚いケアを受けているわけではないということ。元気な方のほうがずっと多いのですし、むしろボランティアなどで活躍している方々もいっぱいいます。少し古い統計ですが、自治体から何らかのケアを受けている人の割合は高齢者全体の三〇パーセント強にすぎないという値も出ています。もちろん、すでにお話しした年金などの福祉制度はすべての方が受けていますし、なにより、年をとって何らかの障害をもっても、どんなことがあっても安心ということで、元気でいるにこしたことはありません。

今日のデンマークにおける高齢者福祉政策は、「一人ひとりが住み慣れた地域社会で継続して生活することを可能にする」ことが大きな目標です。これは高齢者福祉の三原則にもかなっています。コペンハーゲン市でも、高齢者のほぼ九〇パーセントの方が在宅で暮らしていることはすでに触れたとおりです。

自立した生活を支援するために用意されたサービスにはどんなものがあるのでしょう。例として、コペンハーゲン市で提供されている多様なサービスメニューをまず列記してみます。

・ホームヘルプサービス
・訪問看護
・二十四時間体制の在宅ケア
・配食サービス
・歯の訪問治療
・補助・介護機器の貸与
・住宅改造
・緊急通報ブザー
・デイホーム
・ショートステイ
・ターミナル在宅ケア
・デイセンター
・声の電話訪問
・ニーズ発見および予防対策のための家庭訪問
・特別支援

いかがですか。みなさんにもお馴染みの項目もありますし、馴染みのないものもあると思いますが、代表的なものについてそれぞれ少し説明してみます。この例はコペンハーゲン市のものですが、多くのコミューンにもほぼ共通しています。

〈ホームヘルプ・訪問看護・二十四時間在宅ケア〉

日常生活に一時的、または恒常的な障害をもつ高齢者が自宅で生活を続けるため「自立支援」として派遣されるのがホームヘルパーです。主なサービスは掃除、洗濯、買い物、朝食・昼食の支度、身体介護などのケアです。時間数は週一時間から一日数時間と高齢者のニーズをアセスメントしてさまざまに決められます。自宅・高齢者住宅など、利用者の住まいのタイプにかかわらず提供されます。このホームヘルプサービスには一時的サービスと恒常的サービスの二種類があり、恒常的サービスは無料ですが、一時的サービスは利用者の所得が一定額以上の場合にかぎり受益者負担があります。ただし現在提供されているサービスの大半は恒常的サービスとのことです。

また、市には高齢者を自宅で看護するための訪問看護婦がいます。訪問看護サービスは、家庭医または病院の指示に基づきニーズに応じて提供され、受益者負担はありません。ちなみに、デンマークでは、それぞれの方が地域の一般開業医に家庭医として登録し、救急の場合以外はまず家庭医にかかりその判断によって専門医や病院（県立）に紹介されていきます。医療におけるプライマリーケアは、年齢にかかわらず基本的には無料です。一時的に市内滞在する人も含めて、コペンハーゲン市に居住する者はすべて、昼夜にかかわりなく二十四時間体制で訪問看護サービスを利用することができます。

訪問看護の概念が生まれたのは七十五年以上前といわれています。当初、民間の教会関係者などが主導して、教区の病人や高齢者を巡回訪問することから始まりました。これは十九世紀のことのようです。今世紀にはいって、コペンハーゲン市はこれらの団体と協定を結び、教会関係の介護者が市の訪問看護制度の一環として活動するようになりました。これが一九一六年に導入された、全国でも初の市管轄下における在宅ケア制度となったのです。

この頃、すでに在宅ケアの需要は相当の規模だったようです。身体介護はもちろんのこと、家事援助のニーズがあることも判明しました。しかし、訪問看護の役割が拡張されるまでにはかなりの歳月がかかり、一九四九年になって初めて家庭の主婦の役割（当時は家事はもっぱら女性の仕事でした）を代任する制度が生まれ、おって一九五五年に市議会は正式にホームヘルプ制度を導入しました。

在宅ケアの業務内容は、時とともに拡張されてきています。コペンハーゲン市では、一九八二年に二十四時間訪問看護制度が試験的に設けられ、八九年には昼夜、時間を問わず看護と介護を提供する二十四時間在宅ケア制度が整備されました。病気や加齢による虚弱、障害があっても自らの家にとどまって暮らし続けることを可能にするシステムが、このようにして確立されたのです。

〈配食サービス〉

買い物や、自分で調理することが困難な高齢者を対象に、配食サービスが実施されています。メニューは基本的に二種類あり、温かい料理をそのつど配達してもらうか、または、自分で温めるかも自由に選択することができます。また、アラカルト式配食サービスはたいへん人気があるそうで、病弱な高齢者も毎日適切な食事をとることが可能とのこと。利用者は、市議会が決定した基準に基づいて料金を支払います。

食事は、自宅で暮らし続けようとするお年寄りにとって、最も大切なことのひとつです。社会福祉がお寒い状況のアメリカですらミールサービスはベーシックなものとして実施されています。日本でもボランタリーなかたちで行われたり、自治体の取り組みが始められたりしていますが、より利用しやすいものとなるよう基本的サービスとしてきちんと位置づけてほしいものです。

〈歯の訪問治療〉

お年寄りは、年とともに歯が悪くなりがち。けれど一方で外出がままならなかったり、歯医者に通うのが困難だったりします。そのような場合に、歯の訪問治療サービスに登録すると、自宅で歯の治療やケアが受けられる制度です。年間少額の登録料がかかりますが、検査や治療は無料。

〈補助・介護機器、住宅改造〉

疾病や病弱、障害などで日常生活に支障のある高齢者を対象に、一人ひとりのニーズにそったかたちで車椅子、リフト、歩行器、シャワー用の椅子、食具などの補助器具・介護機器が貸与されます。詳しくはのちほど述べる補助器具センターのところをご覧いただきたいと思いますが、このサービスは基本的には無料で、高齢者や障害者が自宅で自立した生活を送ることをサポートしています。

また、住宅改造も公共サービスとして提供され、高齢者が自宅にとどまり、暮らし続けることを支援します。このサービスは、本人の所得額や資産の規模にかかわりなく提供されています。

これらの援助は、高齢者とかかわる多様な職種のケアチームのなかで検討され、ニーズのアセスメントが行われています。とくに、そのなかでも、ＯＴ（作業療法士）、ＰＴ（理学療法士）などの役割は重要でしょう。それぞれの人に合わせたきめの細かな調整や器具の設計がなされ、より高いＱＯＬ（生活の質）が追求されます。ここでのキーワードは、「継続性」とともに「残存能力」があげられるでしょう。

〈緊急通報ブザー〉

緊急通報装置は、虚弱な独り暮らしのお年寄りなど、緊急の際に自力では援助を呼びにくい人のためのサービスです。緊急通報ベルを利用者の自宅の壁に取り付けたり、ペンダント形式のブザーを首からかけるなど、方法はさまざま。ブザーを押すと市の在宅介護部や地域の救急サービスにつながり、迅速に対応がとられます。また、ほとんどの高齢者住宅や保護住宅にはこの装置があらかじめ取り付けられています。

〈デイホーム〉

デイホームは、夕方や夜間は自宅で生活することができるが、日中は個別ケアや介護などを必要とする在宅の高齢者が、プライイェム同様のケアが受けられる施設です。市内のプライイェムの多くに付属して整備されたサービス制度。通所には市が用意した移送サービスを利用します。利用者は、ケア付き住宅における基準に準じて、食事代などを負担します。

〈ショートステイ〉

ショートステイは、通常は自力で、あるいは家族や在宅ケア職員に自宅で介護をうけながら生活している高齢者が、プライィエムに入所する必要はないものの、短期間特別なケアを必要とする場合に適用されるサービス制度です。多くのプライィエムには、このようなショートステイ用の居室が用意されています。費用は、デイホームの利用料に準じて利用者が負担します。

〈ターミナル在宅ケア〉

がんなどの病気のため自宅で最期を迎えることを希望する市民（高齢者に限りません）のために、ターミナルケア（終末期のケア）を担当する身内あるいは親しい友人に対し、仕事を休むために生じる所得の減額を一部補償する介護手当が支給されます。ただし、入院治療の効果がないこと、また病状から判断して入院する必要がないとの医師の診断が受給要件となります。ターミナルケアが実施されている期間中でも、必要に応じてホームヘルプ、訪問看護などの公共サービスが提供されます。

〈デイセンター、老人クラブ・サークル、各種団体〉

デンマークには、一般市民が自発的にサークルや団体、協会などを設立・組織する長い伝統がありますが、これは高齢者といえども例外ではありません。コペンハーゲン市内各所には、デイセンター、老人クラブ、年金生活者協会など、さまざまな組織が運営されており、他の高齢者との交流にとどまらず、コーラス、ダンス、音楽、映画、運動、手芸、木工など各種趣味活動、旅行、ピクニック、研修・教育、講演会など、実に多彩な活動の可能性が提供されています。

デイセンターのサービス内容や運営については、できる限り利用者の協力をえて決定されます。デイセンターや老人クラブでは、月々少額の施設利用料の負担があるほか、ホビーなどで使用する各種の材料費は各人が支払います。自力で通所できない人のためには、送迎サービスもあります。このタイプのデイセンターは、その地区に住んでいる年金生活者なら誰でも利用できます。

もうひとつのタイプとして、より治療的なケアを行うデイセンターがあります。ここでは、人との交流の機会を与えると同時に、身体的あるいは精神的な理由によって必要と認められた者だけに利用が限定されています。活動の内容としては、理学療法、作業療法、足治療など。

福祉の器としての住宅

衣食住は人間の生活の基本的な要素ですが、デンマークの人々はとりわけ住まいにはこだわりがあるようです。デンマーク人の休暇の楽しみの第一は「家の手入れ」という話はよく聞きます。ペンキの塗り替えや壁紙の張り替えなどはお手のもので、果ては、自分で家を建ててしまう人までいるとか。自然と親しむことにも熱心でガーデニングもよく行われているようです。

彼らの住まい、「住」へのこだわりが最も端的に表れているのが、デンマーク家具ではないでしょうか。職人さんの手で丁寧につくられた木製家具、使い込まれ親から子に伝えられるものもある。人生の終末期、終の棲家となるプライィエムへの引っ越しにも一緒についていく愛用の家具たち。

それから、明かり、照明にも独特の感性を感じます。やわらかな間接照明、食卓に欠かせないキャンドルライト、暗く長い冬の季節を送る人々にとって、家の中でいかに快適にすごすかはとても大事なテーマ。同じ北欧のスウェーデンなどの人々にも、共通しているように思います。

それから、私が強く感じたのが色づかいの素晴らしさ。ハンナさんのお部屋や、パブリックスペースのしつらえの素晴らしさはもうお話ししたとおりです。それから、たとえば煉瓦づくりのクラッシックな建物は、その落ち着いた重厚さを生かしながら、随所に明るい色調の絵を配して訪れる者の気分を盛り上げてくれます。また、私が訪ねたネストヴェズ市のアクティビティセンターはまだ新しい建物ですが、ドアというドアがすべてカラフルな色で塗られていて、なにかとてもリズミカルな音楽が聞こえてくるような気がしたものです。とくに、真っ赤なドアは印象的でした。

余談ですが、デンマークではヘルパーや訪問看護婦など、福祉関係の人たちの車はすべて真っ赤です。たいていワーゲンのようなミニワゴンタイプの車で、赤いペイントは見た目にも可愛らしいし、ああ福祉関係の車だなという親しみも感じさせそう。真っ赤なシンボルカラーって、ちょっとおしゃれですよね。

日本の、とくに高齢者のための施設でそんな「派手な」色づかいを想像できますか。

よくいえばシックで落ち着いた、つまりは誰からも文句が出ないような無難な色づかいが日本の一般的なスタイル。もちろん日本には四季があって豊かな自然の色彩もあり、一年の半分以上を暗い冬に閉ざされることもないので、デンマークと同じにすることはないと思います。でも、もう少しアクセントがあったり、遊び心があってもいいんじゃないかな、と思ってみたりします。

いずれにしても、デンマークの人々は住まいに快適性を求め、それは住人が年をとったり、障害を負ってもやはり居心地よく快適に暮らせる家でなければなりません。ケアや各種の援助を受けながら在宅で暮らそうとするとき、そのままでは難しいなら住宅改造も行います。これはすでに述べましたが、たとえば手すり、リフト、段差の解消、ドアの付け替え、バス・トイレなどなど。デンマークではけっして寝かせきりにはしませんから、もし足が不自由になったら当然車椅子での生活です。車椅子にのって生活するためには、動き回るのに十分な部屋の広さ、廊下の広さも必要です。大規模な改造になることもあります。改造の費用があまりにも高くなってしまうようなときは、より条件にあった住みやすい家に引っ越してもらうのだそうです。その際の費用は、本人の希望によるものではないので自治体の負担とのこと。

ここでも、一般住宅に移る場合もあれば、その方の状況の先も見越して高齢者住宅や保護住宅といったさまざまなタイプの住宅を選ぶことができます。「在宅」と一言でいいますが、それを支えるためには、福祉の器である住宅の整備は欠かせません。そしてお年寄りにとって、家と呼ぶにふさわしい選択肢が用意されていることもたいへん重要なことなのです。それがあって初めて在宅ケアもお年寄りのＱＯＬも保障することができるのではないでしょうか。

提供されるさまざまな住宅

これまで述べてきたように、高齢者がそれまで住んでいた自宅での生活が困難になったときや、自宅で生活することを望まない場合、高齢者住宅、保護住宅、ケア付き住宅など、本人の状況に適したタイプの住宅に移り住むことができます。

ちなみに七十歳以上の高齢者がおよそ六万二六〇〇人（市人口の一三パーセント）というコペンハーゲン市には、一九九八年現在、四八〇〇戸強の高齢者住宅、一四〇〇戸弱の保護住宅、約五二〇〇戸のケア付き住宅が整備されています。

〈ケア付き住宅・プライィエム〉

コペンハーゲン市の状況をお話ししましょう。ここでは、数多いプライィエムは多種多様です。モダンなものから築後長い年月を経ているものまで、また規模も入所定員十五名から数百名といろいろですが、定員五十～六十名の施設が過半数（約六二パーセント）を占めています。さらに、修道院や病院を増・改築したものから、当初からプライィエムとして建設されたものまで、実にバラエティに富んでいます。プライィエムには、市が運営する施設（公共施設）と法人が運営する施設（認可法人施設）の二種類があり、それぞれ異なった層の入所者を対象としているとのこと。

コペンハーゲン市では、七十五ある施設のうち過半数が認可法人施設です。これは、市との協定のもとに人件費などを含めた運営費全般について市の助成金を財源にしている施設ですが、入所者の処遇を決めるのは市の役割です。また、認可法人施設の管理・運営責任は理事会に委ねられる一方、プライィエム全般にかかわる企画などの包括的な事柄は市の責務とされています。

プライィエムには二十四時間体制でケア・介護職員が配置されていて、まったくの病気という以外、ほとんど「寝たきり」の方はいません。居室はほとんどが個室で、入所者は全員、毎朝起床、洗面などを終えたあと普段着に着替えます。

洗濯、食事、トイレ用品、アクティビティなど、施設が提供するさまざまなサービスをどれだけ利用するかは、基本的には入所者自身が自由に決定します。しかし、プライィエムに入所する高齢者の多くは健康上の問題を抱えていたり、障害をもっていたり虚弱であったりするため、ほとんどの入所者が提供されるサービスのすべてを利用しています。

家賃は、住宅手当を受給しながら高齢者住宅に住む場合とほぼ同額で、利用するサービスの費用も負担します。

プライィエムや保護住宅には、通常、入所者による自治会が設置されていて、それぞれの施設が定めた規約に準じ、日常の運営についても積極的に関与しています。

〈保護住宅〉

この住宅は、自立した生活は困難でも、プライィエムに入所するまではない高齢者のための住宅です。集合住宅形式で、一戸の部屋数は一から二程度。高齢者の身体的機能の低下に配慮した構造で、ケア職員の詰め所が置かれ、必要なときには二十四時間いつでも援助が受けられることが、年金受給者住宅と異なる点。保護住宅においてもホームヘルプや在宅看護などの一般的サービスが提供されます。プライィエムに付設されている住宅も多いとのこと。家賃は、住宅手当を受けながら高齢者住宅に住む際とほぼ同額。なお保護住宅は、社会支援法の改正によって一九八八年から新規の供給は停止されていますが、既存のものは従来どおり運営されているそうです。ただし、高齢者住宅に改築されるものもあり、戸数は減少しつつあります。

〈高齢者住宅〉

高齢者住宅は、すでに述べてきたように一九八七年に施行された高齢者住宅法に基づいて供給されている住宅で、それまでつくられてきた数種の高齢者向け住宅にかわる新しいタイプのものとして導入されました。新規建設のものや従来の住宅を改築したものなどさまざまですが、いずれも現代の高齢者のニーズにマッチした住宅といわれています。供給主体はコミューン、非営利住宅協会、非営利団体、年金基金などで、各コミューンは地域内に必要な高齢者住宅を整備する責任を負っています。

個々の住居は一、二室からなり、キッチン、バス、トイレが設置された独立した住宅で、高齢者や障害者に配慮した構造になっています。家賃は一般住宅の場合と同様に支払わなければなりませんが、住宅手当の給付申請をすることもできます。

冒頭で登場したハンナさんの家は、現在最も新しい高齢者住宅です。訪ねたおりにいただいたパンフレットを日本語に訳したものをご紹介します。どんな目標をもってどうつくられ、運営されているか、少し長い引用ですが、ぜひみなさんに知っていただきたいので。

「新しいカルチャーを目標に〜現代的高齢者用アパートの開発〜」

背景：

我々の目標は、状況から見て高齢者を介護ホームに移すことが必要になる時期が来る前にできるだけ早く居住者の日々の生活と毎日なすべき日課を作りあげることである。

経営者、スタッフおよび居住者が一緒になって検討して次のような〝施設としてのあるべき姿〟のベースに到達した。

・我々は全員が管理されたプライベートな区域を必要としている。
・我々は全員が仲間意識と、マネージメントに意見を出すコミュニティ精神が必要である。
・我々は全員がコミュニティに影響をもち、また仲間としての付き合いが必要である。
・我々は全員が我々の周りにある世界に影響を及ぼし、また参加することが必要である。

〝施設としてあるべき姿〟のベースはレジデンシャル・コンプレックス、生活区域を建設し、日々の生活を計画していくうえでの基礎であった。

「プライベートな区域」とは、ある人のプライベートな存在のフレームワークを創り上げる居住者の生活の居所であり、またスタッフの仕事環境に応じた居住者の自立と独立が尊重される場所である。

「コミュニティ・ルーム」とは、レジデンシャル・コンプレックスの公共の部屋であり、仲間としての付き合いのフレームワークや、ショッピング、クッキング、洗濯、ガーデニングなどのような意味のある日々の仕事に積極的に参加することができる場所である。居住者が日々の日課に影響を与える機会を得るのがこの場所である。居住者は仲間としての付き合いに参加しても、退室してプライベートな区域に戻ってもよい。

「近隣のスペース」とは、コミュニティ・センターの区域で、ここでは居住者は他のハウジング・ユニットを訪問したり、緑に覆われた温室と戸外をエンジョイすることができる。また他の居住者や近隣からの訪問者と一緒にコミュニティ・センターの活動に参加する機会もある。

「Hjortshoj（ヨーツホイ）コミュニティ・センター外のスペース」においては、居住者は町に行って、センターの外の経験をエンジョイすることができる。

「この施設についての詳細」

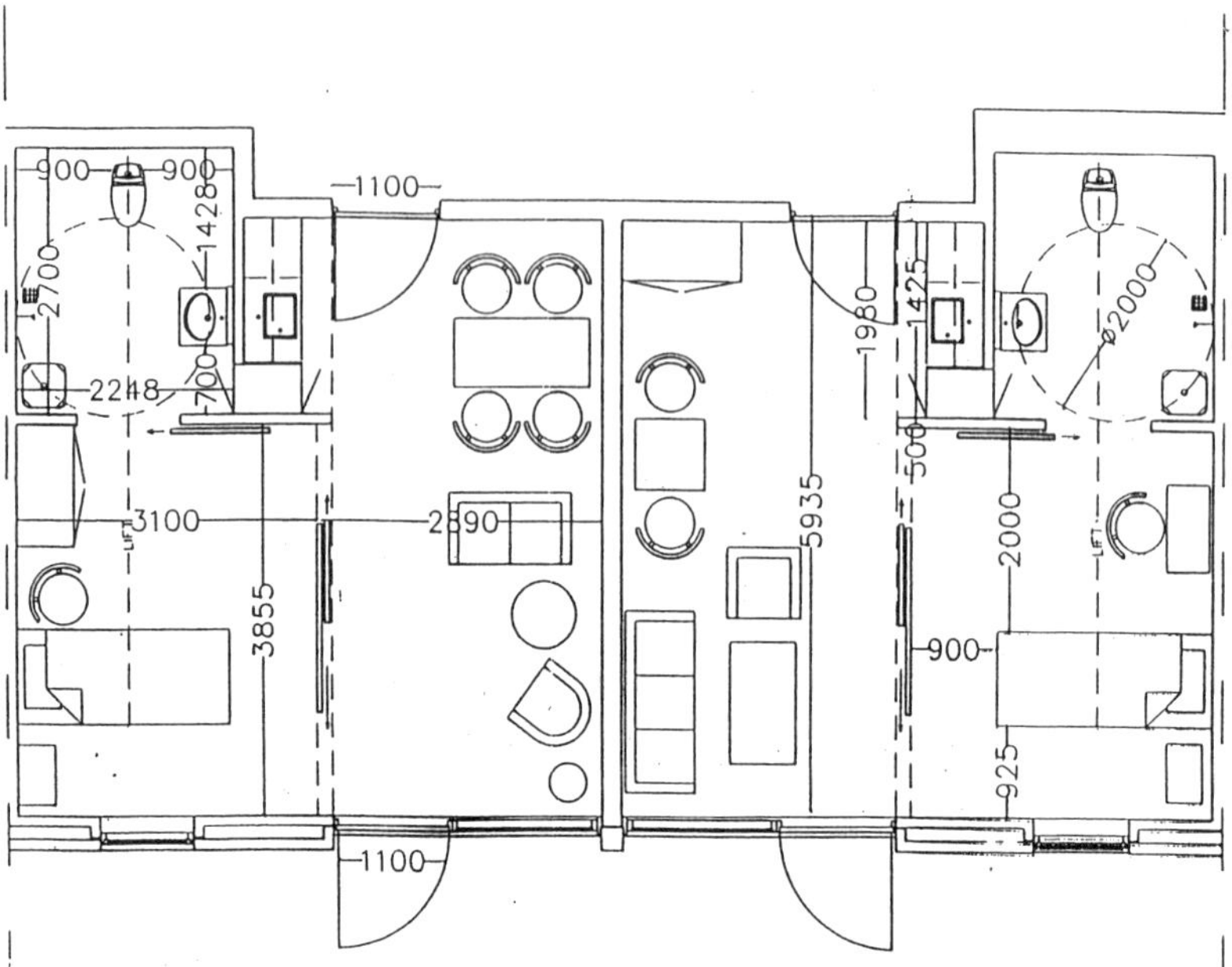

ハンナさんの住むヨーツホイ最新高齢者住宅

レジデンシャル・コンプレックス‥

このコンプレックスは三つの独立したハウジング・ユニットからなり、それぞれに九戸、九戸、十戸のアパートメントがある。

一つのハウジング・ユニットは六百三十平方メートルの面積がある。

三つのユニットの一つには期限付きアパートメントがある。

各ユニットはコミュニティのリビング・ルーム、ダイニング区域、キッチン、食器洗い室、およびスタッフ・ルームがある。

コミュニティ・リビング・ルームは部分的に居住者自身の家具が備えられている。

ハウジング・ユニットは緑で覆われた温室につながっている。

アパートメント：

アパートメント一戸は四十五平方メートルの面積があり、冷蔵庫付きの小キッチン、居間、寝室および浴室から構成されている。

各アパートメントの外側には小さな〝個人用の〟あずまやがあり、居住者の家具が置かれている。

各アパートメントにはそれぞれテラスが付いている。

戸外：

三つのハウジング・ユニットのそれぞれには囲まれた中庭、広場、感じのよい庭園、および菜園がある。

・このハウジング・ユニットはシンプルでセキュリティの完全な環境を保証している。

・周囲とは明確に区別されている。

・プライベート領域、セミ・プライベートな領域、公共の領域の間には明確に規定された境界のある異なるゾーンがある。

新しいカルチャー：

新しいカルチャーは居住者の生活の質に対して焦点が当てられ、個々の居住者自身のもつ体力と個人のできることに基づいている。

居住者はそのコミュニティのすべての市民と同様に、彼もしくは彼女自身の毎日の日課の実行に影響と意見をもつ等しい価値のある市民として見られる。プライバシーと仲間との付き合いの間で切り替えができることは重要である。したがってスタッフは社会的局面において個々の居住者を積極的にサポートし、同時に個人のプライバシーとニーズを重んじる。

居住者：

レジデンシャル・コンプレックスの毎日の日課は個人の習慣と居住者のペースに従って行われるが、その他のプライベート・ホームの場合と同様に、その日のうちに行われるべき多数の実際的な仕事がある。居住者は能力ならびに実行可能性に応じて毎日の用事に参加することが期待されている。

近親者の関与：

近親者の積極的な関与が強く望まれる。近親者がレジデンシャル・コンプレックスに頻繁に訪れることはきわめて自然であり、レジデンシャル・コンプレックスでは近親者は介護の手を差し伸べる機会をもち、毎日の仕事の一部に参加したり、あるいは座って一杯のコーヒーを飲んだりしてレジデンシャル・コンプレックスの中で毎日の社会生活の一部となる。

スタッフ：

この新しいカルチャーの中で働くことは、スタッフに対して新たなかつ厳しい要求を生みだすことになる。新たな挑戦、新しい仕事の場——ここではスタッフは四つの領域での技能が必要になる。

- 社会的技能
- 介護技能
- 実際的技能
- 教育的技能

スタッフの労働時間は拡散し、以前は朝行う必要のあった仕事がいまでは、この新しいカルチャーでは午後でも夜でも行ってよいことになる。

いかがだったでしょうか。デンマークの福祉百年の歴史のなかで、器としての住居はつねに人々に意識され、老人観の変遷、社会・経済的環境にそって施設型からより個人の住宅に近づくかたちで、「進化」し、現在ここまできているのです。

個人の確立とコミュニティとのかかわり、「新しいカルチャー」として高齢者住宅がどうあるべきか、デンマークの人々の挑戦はけっして終わることはないようです。

できる喜びを支える補助器具

明るいオープンな空間に並べられた多種類の車椅子。高い背もたれのあるもの、オートバイのような前輪がついたもの、素材も形式も実にいろいろ。ここはネストヴェス市の補助器具センターです。

「一般の方もぶらっと訪れて、いまどんな補助器具があるかを見ていくんですよ」

案内の男性がにっこり笑って言いました。

別な部屋には食事用の自助具もありました。スプーン一つとっても何百種類もありそうです。また倉庫のような部屋には、高い天井にとどくくらいの金属製の棚があり、車椅子や歩行器、その部品などどぎっしりと積まれています。「向こうには、車椅子用などのクッションだけ揃えた部屋もあります」うーん、すごい。ここには、どんなハンディキャップがあっても自分にある能力を活かして生活していくための、あらゆる補助器具が備えられているのです。そしてセンターには作業療法士や理学療法士がいつもいて、どんな器具を選ぶかの相談にものってくれるし、使いこなすための指導や訓練も充分にやってくれます。

けれど、私がほんとうに衝撃を受けたのは、品揃えの豊富さや設備の素晴らしさではありません。それは二つのことです。

多くの種類のなかから、自分に合ったものを選んだり、いろいろ調整をしてくれることはもちろんですが、その人に合わせて工夫した補助器具を、その人のためだけに作ってくれる、まさにオーダーメイド、これがひとつ。

たとえば、自分ではベッドから起きあがることしかできない方がいらしたとします。でも、ちょっとした洗濯板のようなスライド板を腰のところに入れると、スーっと簡単に車椅子に乗り移ることができる。この板を、その方用にお尻のサイズに合わせて、補助器具として作ってくれるのです。

考えてみたら、これはごく当然のことです。なぜなら、体格もハンディキャップの程度も、人それぞれ違っているのですから。理想はそうあるべきです。これが、理想ではなくて当たり前、というのがデンマークなのです。

しかも、市から支給される補助器具は、選んだものでもオーダーメイドしてもらっても、いっさい無料なのです。これが二つ目。あとで触れるように、支給のための基準はありますが、それをクリアすれば（たいていの高齢者や障害者の方はあてはまるものです）すべてがタダだということです。

日本でも補助器具のメーカーはいっぱいあるし、パンフレットもたくさんあります。我社も補助器具・福祉用具レンタル業も併業しています。

福祉用具相談員というものをおいて指導はします。けれど、パンフレットのなかからこれはいくら、あれはいくらと、最高十万円まで介護保険の適用されるものだけは保険も使えますが、ほとんど自分で買ってもらう。つまり自己負担です。オーダーメイドとすれば、かなりの負担はさることながら、そのような業者は少ないのです。でも、デンマークでは作ってもらうものまで、費用ゼロ、自己負担ゼロなんです。

小さなかわいらしい三輪車が、ひときわ私の目をひきました。それは障害のある子ども用、片足のない子ども用の三輪車です。二、三歳用でしょうか、ほんとうにちっちゃくて鮮やかな黄色にペイントされています。そして片方のペダルがありません。子どもが乗ったらちゃんとバランスがとれて、片足でこげるようにできてる。

「わあ、乗れるんだ」。小さな三輪車が手作りされ、心をこめて、ペイントされていく、そんな光景も浮かんできます。しばらくじっと、この黄色い三輪車を見つめていたら、ふいに涙がこみあげてきそうになりました。

「障害があるからその子はかわいそう」ではないんです。片足がなくても三輪車に乗れる。ほかにもいろいろなタイプのものがある。その子に合わせて新しく作ってもくれる。だから、どんな障害があっても、けっして諦めなくていい。何も諦めなくて、いいんです。ふつうであること（ノーマライゼーション）を、政府が全面的に応援してくれるから、子どもたちは自分が何か劣っているなんて意識することがありません。「障害」というものも、自分が何かができないから「障害」と意識するのであって、何も諦めなくてよくて、何でもできるんだったら、何一つ障害はない、ということになるのです。

補助器具と一言でいうけれど、そのとらえ方はデンマークと日本とでこれだけ違う。小さな三輪車にこめられたデンマークの人々の福祉の心、福祉の思想が、私の胸を熱くしました。

福祉機器や自助具、さらに住宅改造といった、ノーマライゼーションを保障するためのいろいろな援助は、「生活支援法」の五十八条と五十九条によって定められています。これには、理学療法士や作業療法士などの専門家による、各種の指導や個人訓練などもふくまれています。

これらの支援を受けるための要件についても、ここで触れておきましょう。生活支援法ではこのように規定されています。

「障害をもつ者、慢性疾患をもつ者、あるいは高齢のために虚弱である者に対しては、次にあげる事項を満たした場合、福祉機器・自助具を支給することができる。

1　当該申請者が就労を続けるために必要不可欠とされる場合

あるいは、

2　当該者の障害による身体的・心的負担を軽減する場合

または、

3　当該者の自宅における日常生活を大幅に改善する場合」

この法律には、いっさいの年齢制限がないので、生まれた瞬間から死ぬまで支援を受けることができます（器具類は貸与のかたちです）。条件としては、長期にわたる機能の低下、長期にわたる病気ということなので、短期間の病気や怪我などによって必要性がある場合は対象になりません。そういう時は、病院から借りることになるのだそうです（有償で）。いずれにしても、基本的にほぼすべての障害者と高齢者が、この要件を満たしているということになるわけです。

「ヘルプ・トゥー・セルフヘルプ」

この言葉が、多くのヘルパーや介助者の口から語られました。「私たちは、自分でやることを助けるのよ」そのことを、彼ら彼女らはけっして譲らない、曲げないのです。

ひとつの処遇哲学として学問的にも確立されていて、きちんと学んでくるのだといいます。日本にも、もしかしたら独自の処遇哲学はあるのかも知れませんが、デンマークのそれとは明らかに違ったものでしょう。彼女たちにとって、この処遇の心、哲学はプライドにまで高められているものです。

高齢者の方がすることを、彼女たちはじっと見ています。手を貸したりはもちろんしないし、応援すらしません。応援は差別なんです。「おじいちゃん頑張って」と私たちはつい言ってしまいます。「もう少しよ、頑張りましょう」と。でも彼女たちは「やって」と言うだけです。「あなたはふつうなんだから、やれる」ということが前提で、そこからまったく違うのです。

「ヘルプ・トゥー・セルフヘルプ」この思想は、補助器具についての考え方にも、施設をつくる時にも、みごとに貫かれていました。

「安心できる家」
――精神疾患プライィエム・カリタス

白いブラウスにきれいなブルーのカーディガンをはおったおばあさんが、こちらにゆっくりと歩いてきます。胸に小さなお人形をいだき、あやしているのでしょうか、子守歌でしょうか、つぶやくように歌いながらおばあさんは通りすぎてゆきました。真っ白な髪、静かに揺すられているからだ、童女のようなその姿をしばし見送ったのでした。

ここは、オーフス市にある精神疾患患者と痴呆症老人のための専門プライィエム「カリタス」。一九七五年に設立された時は、ごく一般のプライィエム（特別養護老人ホーム）だったそうです。現在この施設の施設長を務めるビエギット・ミケルセンさんは、設立当初からの職員とのこと。彼女は、精神疾患がある人のための施設の必要性を考えていたところ、八〇年になって政治家たちもその必要性に気づき、既存の施設の隣に精神疾患患者のための施設が造られることになったといいます。新しい施設ができた結果、一九八四年になると、精神病棟に入院する精神疾患の人はまったくいなくなりました。そして、この施設で働く人たちも、こういった問題をもつ高齢者たちにどのように対処すればいいのかを学んでいくことになりました。

施設長のミケルセンさんは、九三年になるとコンサルタントとしてさまざまなローカルセンターに出向くようになり、そこでもっとこのような痴呆症に関する知識が必要だとわかり、九九年にはこの施設が研究センターとしての役割も担うようになったのです。その意義は、痴呆症に対する知識を深め、それを各地域にもっと普及していくことでした。

その結実が、二〇〇〇年にできたオーフス市の痴呆症に対する教育プログラムです。現在も、痴呆症問題に関して市の福祉関係職員の知識を向上させるため、カリタスを中心として活発な講習会が実施され、またここでは介護職員の実習教育も行われています。地域の介護能力の向上によって、カリタスの専門棟の必要性が減少することが目的で、将来は専門棟をすべてショートステイ設備に移行することが目標なのだそうです。

デンマークでも二十年くらい前は、精神疾患のある人や痴呆症の老人は精神病院の大部屋に「収容」されていました。

カリタスの看護婦、アニー・トーロックさんはこう言います。

「私が看護婦の研修生だったころ、それは一九六〇年代のことですが、私は男性で精神疾患がある患者さんがいる病院で働いていました。それは、現在のデンマークでは見られないような状況です。一つの部屋で十人から十五人の人が一緒に生活していました。大きな皆が使える居間がありましたが、家具といったら二つの壁にそって椅子があるほか、テーブルが一つあるだけ。そういう場所で患者さんは暮らしていたわけです。

彼らの生活は一定した決まり切ったもので、アクティビティなどまったくありません。入浴などでも今とはかなり違う方法で、プライベートはなく、二、三人が一緒に入浴させられていました。自分が着てきた服も入院の際にとられてしまい、みんな同じユニフォームを着せられました。たとえば、着替えをするのでも自分専用のものというわけではなく、ただ洗濯のすんだものを着るという感じで、プライベートはまったくないのです」

今日、痴呆症の高齢者であっても、できる限りその方が住み慣れた地域内でケアが受けられる体制がつくられています。家族や本人の状態によって在宅ケア、各種のデイサービスを受け、必要に応じてショートステイ、高齢者住宅、ケア付き住宅、特養老人施設などに入所することになります。

オーフス市では、痴呆症老人のケアは自宅、施設にかかわらず本人の家族や友人と市の介護などからなる特別チームによって行われているといいます。介護の継続性を保つために、同じチームが日常の介護と施設でのデイサービスを担当する受け持ち制がとられています。さらに、スーパーバイザーとして、これらのチームを管理・監督するコンサルタント・チームが「カリタス」のリーダー格の職員によって設けられていて、地域に出向き助言することで、なるべく住み慣れた地域環境内で問題が解決できるような対策がとられているのです。カリタスでのケアや研究活動の積み重ねを、地域に積極的に還元していくことで、施設収容をなるべく遅らせていく努力が続けられていました。

そして、このカリタス・プライィエムは、オーフス市の最重度の痴呆症の高齢者が入所する最後の受け皿となっています。オーフス市では、痴呆症のお年寄りは精神病院への短期入院はありますが、長期入院はまさに皆無。一般病院にもいないのです。日本では、痴呆症老人の問題がいわれてきながら、ようやく地域での取り組みが散発的に行われてきただけで、そのノウハウが蓄積され、共有化されるにはほど遠いところです。

私がカリタスを訪れたこの日、初夏の日差しが広い中庭いっぱいに降り注いでいました。敷地はなんと一万平方メートル。たいへん大きな敷地ですが、ここに暮らす人たちにとってそれが全世界となるわけで、大きな敷地をもつことはとても意味があります。

オーフス市の人口は二十八万五千人、そこに三十七のローカルセンターがあり、そこから患者さんが送られてきます。各地域で手をつくして、それでも暮らせなくなった方たちで、ここの入居者は他の場所では生活できません。以前だったら、鍵をかけて閉じこめられたり、ベッドに縛り付けられたりされていた人たちですが、ここではそんな必要はありません（もちろん現在では、地域に暮らしていたときにもそんな方法はとられません）。

入居者は現在百十人、うち七十二人に精神疾患があり、他の方は重度の痴呆症があります。ちなみに入居待機者もいるそうですが、そのリストはサブジェクトリストと呼ばれ、待った順番よりニーズの高さによって入居が決まるとのこと。入居者は四つのセクションに分かれ、1と2のセクションには二十四人ずつ精神疾患のある方、3と4には各二十五人、精神疾患のある人とない人とが混合され、そのほかに十二人が入居している小さなセクションがあります。各セクションはさらに四名とか、六名、多くて十二名などの小グループに分けられています。もちろん一人ひとりの部屋は個室です。

「安堵感に満ちた生活環境を提供することによって、痴呆性老人は人間的な生活を保持することができる」これは、カリタスのミケルセン施設長の言葉。この精神はカリタスのすべてに貫かれています。

　副施設長のライセンさんは語ります。

「入居者が新しく送られてきたとき、一番大切なのは〝安心できる家〟を提供することです。では、安心できる家とはどんなものでしょう。答えられなくて当然です。そこにはたくさんの意味が含まれていて、私にとってよい家でもあなたにとってはそうではないかも知れない。ですから、新しく入ってきた入居者をよく知ることがまず重要です。どんな人生を送ってきたのか、もちろん本人がもっている病気に関してもよく調べます。ここには看護婦もたくさんいて、病気のことをより早く知ることによって、私たちはその他のこと、つまりその方にとっての健全な安心できる家ということに集中できます」

　安心できる家とはどんなものでしょうか。読者のみなさんもイメージをふくらませてみてください。

　カリタスの建物は落ち着いた煉瓦づくりで、中庭を囲む形で造られた回廊式の建物。間接照明でやわらかく照らされた通路には、そこここに絵が飾られています。庭を囲む回廊には外光もたっぷり。庭に面した個室にも光があふれていました。入居者のための居間には、彼らが若かったころに使っていたであろう少しクラシックな家具がしつらえてあります。痴呆症のお年寄りは現在のことは忘れてしまっても、自分の若い時代の記憶は残っているのです。別なこぢんまりとした居間風の場所には飾り戸棚が置かれ、デンマーク伝統のロイヤルコペンハーゲンのティーセットと人形が収まっていました。何か懐かしい空間、懐かしい匂いも感じます。

部屋に敷き詰められたじゅうたんは、温もりを与えます。でも何かこぼしてしまったときなど、掃除はたいへん。庭で飼われている鶏が迷いこんできたり、犬がいたり、魚もいる。職員にとってはけっしてうれしくない状況のはず。けれど、どんなにたいへんでも、入居者が喜ぶこと、好きなことがサポートされます。

「動物を飼うことはとても大きな意味をもっています。たとえば作業療法を行うのでもそこから何が生まれるのか、本当に自分が好きでやっているのか、ということを考えたとき、動物を飼うことが好きな人にとってはそれが大切なのです」とライセンさん。庭いじりが好きな人は自由に花を育てています。入居者の全世界はカリタスのなかですが、広い敷地が生かされ、そこで自由に自分のペースでお年寄りは暮らしています。たとえ痴呆がすすみ、言葉を失っていても。

ちょっと古くさいなと思うような美容室が一階にありました。入居者が髪を切るとき、お部屋に出張してもらうのではなく、みなさん美容院にお出かけします。そこは若いころに通っていたのと同じつくり。一九三〇年代か四〇年代のイメージでしょうか、なじんだお店でみんな「安心して」髪が切れる。ここにもこまやかな配慮がありました。残された記憶を大切に大切にすること、それがお年寄りのＱＯＬを高めてくれるのです。

カリタスには、患者の家族が構成する入居者委員会が組織され、施設長と委員会、入居者の三者によって物事が決められます。アクティビティの内容も施設サイドが決めるのではなく、入居者自身、家族も加わります。そのさいには、看護婦、社会・保健アシスタント、OT、PT、精神科など専門分野が広範囲に協力しあいます。とくに家族との交流はさかんで、ミーティングをもったり、カリタスが主催するセミナーや講演会もありますし、市が開く講演会もあります。カリタスに暮らす人たちのことをより知ってもらうための努力が続けられているのです。

職員の配置は、精神疾患のない患者一人に対し〇・九人、精神疾患のある患者一人に対しては一・二八人（フルタイム換算）。ただ職員のなかにはキッチンやクリーニングの担当者も入っているので、人手が足りないときの工夫としても、入居者同士をよりよく知ってもらうことによってグループをつくるということがされているそうです。

気になる費用負担。入居者はそれぞれ国民年金を受給しているので、そのなかから各部屋のアパート家賃が支払われます。共用のスペースにかかる費用は市の負担です。

二階にある広い食堂では、月に一回開かれるという夕食会の準備が始まっていました。このディナーには毎回ゲストも招かれ、入居者も職員も全員が集ってその講演を聞き、夕食をともにします。もちろん痴呆のあるお年寄りばかりですから、話を聞いても聞かなくても、わかってもわからなくても、そんなことは問題ではありません。結婚式の披露宴ではないけれど、ちょっとおめかししてみんなで集まって食事をしたら、どんな方であってもその華やいだ気分は伝わるはず。晴れがましさは人の気持ちを高揚させます。そんな高揚感が痴呆の方には大切で、脳を活性化してくれます。スタッフはたいへんだけど、きっと治療効果も考えて開かれている夕食会なんだろうな、と。だってこのカリタスは痴呆性疾患のためのれっきとした研究機関でもあるのですから。

中庭に出てみました。木々があふれていて、緑の匂いをのせた風が鼻をくすぐります。けっして整然としたつくりの庭ではありません。木々は自然な感じで植えられ、ガラス張りの温室があったり、あずまや風の建物があったり。一隅には、家族が訪ねてきたとき、小さなお孫さんが退屈しないように木製のブランコとお砂場もありました。車椅子の入居者の方が手入れをしているという花壇もあります。ここにある花でも木でも、好きなように摘んで自分の部屋に持っていっていいのです。あっ、鶏小屋もあった。

中庭を歩きながら周りを見渡すと、背の低い建物が全体を囲んでいます。まったく圧迫感がないのは、建物の高さも関係あるのでしょう。それになにより、この広さ。ここに暮らすお年寄りは、ひがな一日、自分の部屋や居間でくつろいだり、庭を散策したり、自由に「安心して」すごしているのでしょう。どこにいても、四方遠くから彼らを見守るスタッフの温かいまなざしが届いています。

中庭から入居者のお部屋なども見せていただきながら、ぐるっとまわってふたたび建物にもどりました。回廊を歩いて、最初に案内された部屋に帰ろうとすると、あのブルーのカーディガンのおばあさんに又、出会いました。彼女も人形を抱えてゆっくりゆっくり回廊を回っていたのです。すれちがいざま、おばあさんの白髪からへアローションのいい香りが流れてきました。今日の夕食会のために、あの美容室で髪をセットしたんだわ。かすかな香りが彼女の心の華やぎを教えてくれました。

足を止め、回廊から中庭を眺めながら、ハンナさんもいつか、と私は思いました。いま高齢者住宅に暮らす彼女も、徐々に痴呆の症状が進み地域でのサポートの手ではおえなくなったら、カリタスに越してくるのでしょうか。ここに移ってきても、彼女はきっと安心して幸せに暮らせるはず、と私は確信してとても安心し、幸せな気分になりました。

車椅子に座り、ひざに可愛いお人形をのせて、風に吹かれながら微笑んでいるハンナさんの姿が、一瞬、私の目に映りました。

第二章　アメリカの光と影

ある家族の決断

「ホセ、ところでお母さんのことは、その後どうなったの」

「ええ、それが」彼はうつむいたまま少し口ごもって、それからぽつりと言いました。

「メディケイドの申請をしました。もう、どうにもならなくて……」

　ホセは、私がアメリカでやっている会社で、運転手をしてくれている人です。プエルトリコからニューヨークに渡ってきた移民の三世。アメリカではヒスパニックと呼ばれている人々の一人です。現在五十四歳で、家族は妻と二人の娘、そして七十九歳になるお母さんがいます。お母さんのマリアは以前から糖尿病を患っていて、ホセは近所に住んでいたお母さんの面倒を、実によくみていたのです。

　けれども、マリアの糖尿病は徐々に進行し、この病気特有の視覚障害があらわれてきていました。少しずつ視力が低下して、はじめはできていた自分の身の回りのことがだんだんできなくなり、一人暮らしが危険だということになってニューヨークにあるナーシングホーム（日本の特別養護老人ホームのようなもの）に入院していたのです。イザベラという民間会社が経営しているそのホームは自費が原則の施設で、高齢のマリアさんはメディケア（高齢者医療保険制度）が適用されるといっても、毎月相当の金額を支払い続けなければなりません。

ホセはそれまでも、母親の糖尿病の治療のためたいへんなお金を使っていました。アメリカの医療制度、とくに医療保険制度は日本とはまったく別物。日本でイメージするような保険制度は、むしろないといっていいくらいです。それについては、おいおいお話ししていくことにして、ホセがニューヨーク郊外にある自宅を担保に借金までしてマリアさんの医療費を払ってきた、といえばみなさんにもその苦労がわかっていただけるのではないでしょうか。

ホセは、なんとか自分の手で母親の面倒をみたいと必死でやってきたのです。私はアメリカに暮らしていたころから彼の苦労を見てきましたし、日本に帰国してからも出張のたびに彼の話を聞き、家族の絆の強さに感心もしていました。そのホセがとうとう追いつめられてしまったのです。運転手としての商売道具であるリンカーン、その車のローンを担保にして、いかがわしい金融機関のお金にまで手を出すほどでした。

ホセの二人の娘のうち、とくに成績の優秀だった次女が医学部に合格しました。とても素晴らしくステキなことなのに、彼女の医学部合格は、この家族にとってある意味で重荷になってしまった。彼はすでに多額の借金をしていて、これ以上お金を借りることはできません。母親の医療費を払い続けていたら、娘の学費を出すことができない。ホセは苦しんでいました。

みなさんは奨学金制度があるのでは、と思われるかも知れませんが、アメリカで奨学金を受けられるのはほんの少しのエリートだけで、しかも一流大学にはそれこそ世界中からたいへんなエリートたちが集まります。彼らも奨学金を受けているので、実際にアメリカの、ある程度優秀だといっても普通の学生たちに、回ってくる分はほとんどありません。

母親の医療費か娘の学費か、ホセはどちらかを取らなければならなかったのです。

「どう考えても、どうにもならなくて、母さんに話しました。……そしたら、私のことはもういいからと、……いままでお前は十分にしてくれたから感謝しているよ、だから、もういいよと、言ってくれて……」

とぎれとぎれに私に語るホセの顔は、悲しみにゆがんでいました。

彼はスーパーマリオのような風貌の男性で、ふだんは底抜けに明るいのです。浅黒い顔、口元のちょび髭もおちゃめな、大きなからだを揺すりながらよく笑う気のいい人。そのホセが今日は肩を落とし、背中を丸めて急に小さくなってしまった。私の心にも、彼のせつなさがひたひたと寄せてきました。

ホセが申請したメディケイドは貧困者のための医療保険制度で、総資産が三〇〇〇ドル（これはちょうど埋葬料ぶんです！）以下で、年収も一定限度以下と認定された人が受けられる医療保険制度です。六十五歳以上の高齢者でも、「貧困者」とみなされればメディケイドの対象となります。原則として患者負担がないメディケイドは、無料ということではよいように思われるかも知れませんが、実態は日本における措置制度（それにしても暗い言葉！）のようなもので、いえそれ以上に屈辱的な内容のもの。

貧困者の烙印、人々はメディケイドだけにはなりたくない、自分の家族から出したくないと思い続けています。それなのに、ホセは自分の母親に対して、その選択を行ったのです。

メディケイドの申請が認められれば、半年後にはマリアさんは今いるナーシングホームを出て、メディケイドの適用されるホームに移ることになるでしょう。そこでの処遇の悲惨さは、家族ばかりでなく私にも想像できるものでした。

アメリカでは、老人介護の分野がメディケア、メディケイドというういわゆる医療保険によって賄われているという側面があって、介護と医療は不可分の関係にあります。私たちのこれからを考えるために、福祉先進国デンマークを知り、もうひとつのあり方の極として、アメリカを見ていきたいと思います。そのために、華々しい先端医療の影にあるものに、しばらく目をこらしてみたいのです。

「病気になることは死ぬより怖いこと」。このアメリカが抱える深く暗い闇を、これから詳しくお話ししていきましょう。

クリントンの挫折

「すべてのアメリカ国民は、将来も奪われることのない総合的な医療給付を保障されなければならない。これを実現するのが医療保障法である。アメリカ国民は、世界で最も優れた医師と看護婦、最高の病院、最先端の医療技術、地球上で最も有望な研究開発体制にめぐまれている。しかし、現在のわれわれの医療システムは欠陥だらけである。保険会社は、最も健康な人々のみ加入させることで競争している。このため、多くの人々が医療保険に加入できず、一度重病になれば自分の貯蓄を食いつぶすことになる。多くの人々が医療保険を失うことを恐れるあまり転職できないでいる。アメリカ中の零細企業の雇用主たちは、従業員や家族に医療保険を提供したいと考えている。しかし、高すぎる保険料の負担に耐えられないのだ。一九九四年の国民医療費は一兆ドルを超える。それにもかかわらず、医療保険未加入者が三千七百万人もおり、加えて二千五百万人もの人々が不十分な給付内容の医療保険でがまんさせられている。とどまることを知らない医療費高騰のため、勤労者たちは医療保険を保つことと引き換えに賃上げを諦めることを余儀なくされ、アメリカの製造業は国際競争力を失っている。そして、医療改革を実施しなければ毎月何十億ドルもの財政赤字が積み増されるのだ。つまり、われわれの医療システムを故障させたすべての原因が、本来あるべき姿すべてを妨害しているのだ。正しいことを守り、間違っていることを正すために、医療システムをコントロールしなければならない。国民を第一に考えねばならないのである。」

これは一九九三年十月、クリントン大統領によって発せられた、医療保障に関する「アメリカ国民への大統領報告」です。アメリカにおける医療保障の実態がとても端的に表現されているので、少し長いものですが引用してみました。

十二年ぶりの民主党政権を打ち立てたこの若い大統領は、希望に燃えて政策の大きなテーマとしてこの医療改革に取り組みました。日本の小泉首相が「聖域なき構造改革」を政権の旗印に掲げてさっそうと登場したように、クリントン政権にとってもこの改革は大きな旗印です。彼は、当時三千七百万人ともいわれた無保険者（いかなる医療保険にも加入していない人々）に対して保険を提供することに加え、従来、保険の給付対象外とされていたメディケアの外来薬剤費給付（この薬代の負担は馬鹿にならず、お年寄りにとって相当な重圧でした）を主要な柱とする医療改革法案を議会に提出しました。

けれど、この法案のたどった運命については、みなさんもご存じのとおりです。一時は、全米をあげて医療改革の行方に関心がはらわれていたのですが、さまざまな紆余曲折をへて結果的にはこの法案は成立のめどが立たないまま、議会への上程から一年後の一九九四年の秋には廃案となったのでした。

まず、財源とされた雇用者による「保険料支払いの義務づけ」に対して、中小企業団体からの猛反発がありました。日本でも、健康保険は労使で半分ずつ払う形ですが、アメリカでは雇用者の負担が実施されたのも実は最近のこと。雇用サイドの意識として、人を雇うなら各種社会保険の雇用者負担は当たり前という日本とは、状況が違います。すべての会社が保険を整備するという規定もなければ、もちろん雇用者の保険料の支払いも法律で定められているわけではない。今まで払わなくてすませていたものを急に払えと言われたら、反発がでるのも当然。

さらにさまざまな利益団体からのクレームもつけられ、法案の審議は相当に難航しました。けれども、なんとか九四年の七月までには、下院の教育・労働委員会、歳入委員会、そして上院の労働・人的資源委員会という四つの委員会で、修正はありましたが可決されました。各委員会での修正案は、上院・下院ともに院内総務の調整をへて、この年の八月初旬までに調整法案として一本化され、本会議にかけるところまではこぎつけたのです。

しかし、上院案、下院案ともに「国民皆保険の実現」と「保険料の義務づけ」はかろうじて盛り込まれたものの、保険関係者を中心とする各利益団体の強硬なロビーイング活動や、メディアを使った反対キャンペーンなどが展開され、この頃にはアメリカ国民の皆保険への意識はすっかり冷めてしまったのでした。

さらに法案の行く手を阻んだのが十一月に迫った中間選挙。「医療改革法案を流してしまったほうが選挙戦には有利」との思惑がクリントンの足もとの民主党議員の間にも広がって、法案成立は風前の灯火になったのです。選挙をにらんでは、いやがおうでも世論の動向に敏感にならざるをえず、もはや国民の後押しを失ってしまった医療改革に、生き残るすべはありませんでした。

こうして、年内成立を悲願としたクリントンの医療改革の夢は、挫折したのです。

そして皮肉なことに、民主党はこの九四年秋の中間選挙で、歴史的な大敗北を喫したのでした。そんなことなら、なんとしてでも法案成立に持ち込めばよかったのにと、もし医療改革が実現できていたらその一点だけでクリントンはアメリカの歴史に名を残せたのに、と私は思ってしまいます。そのくらい意義深いテーマだからです。

この医療改革については、大統領夫人であったヒラリーの情熱もあって、民主党政権としては再度のチャレンジがされますが、再び機をつかむことはできませんでした。結局、アメリカ国民は、皆保険実現のせっかくのチャンスを自ら葬ってしまったのです。

一九九〇年代、とくに九〇年代後半のアメリカは空前の好景気で、双子の赤字といわれた財政赤字も解消され、失業率も大幅に低下しました。株式市場は活況を呈し、多くの人が投資を行い株価上昇の恩恵を受けました。国の財政が安定し、企業にも体力があり、失業者も少なかったこの時期は、皆保険実現にとっては素晴らしい好機だったはずです。

でも、経済的な安定は一方で、人々の心から危機感を奪うことになったのではないでしょうか、自分たちの未来のために、今こそ確かな医療保障を勝ち取ろうという。今がとりあえずいいから、先のことを見失ってしまった。それは、アメリカの歴史のなかで、医療や福祉などの社会保障が、つねに人々の経済的な危機、困窮を背景にして要求され、実現されてきたことと、なにか裏腹な関係に思えてきます。このアメリカの歴史的な流れについては、あとできちんとたどり直してみましょう。

まずは、せっかくの改革のチャンスを逃して、禍根を二十一世紀まで持ち越してしまったアメリカの医療保険制度について、その仕組みはかなり複雑なものなのですが、なるべくわかりやすくお話ししていくことにします。

「お金がなければ始まらない」
——アメリカの医療保険制度とは

アメリカにおける医療費は実に膨大なもので、年々増え続けて経済をむしばむ圧迫要因となっています。その規模は、アメリカ一国でなんと世界全体の医療費の四〇パーセントを占めているとの報告が、世界銀行から出されたほど（「世界開発報告1993　健康への投資」）。同じ九三年には、国民医療費の割合は、アメリカの国内総生産の一四パーセントを越えたともいわれています（U.S. Industrial Outlook 1994「1994年大統領経済報告」「厚生白書」）。

みなさん、どなたでもご自分やわが家の健康保険証をお持ちですよね。勤めている会社や業種が単位の保険組合だったり、公務員対象の共済組合や個人事業主の方が入る国民健康保険、そしてその家族のためのもの。お年寄りのためには老人保険があります。私たち日本人は、赤ちゃんからお年寄りまで、誰もが国によって義務づけられたなんらかの保険に加入しています。

どんどん膨らんでくる医療費が保険財政を圧迫して先行きの不安がささやかれたり、長引く不況の影響で滞納者が増えていたりと、日本でも問題はいろいろ抱えています。つい最近も健康保険の本人負担の引き上げがいわれたり、自己負担の部分は確実に上がってはきています。それでも、とにかく国民皆保険が達成されている。これはすばらしいこと。なぜなら、誰でもが自分の（または家族の）保険証を持っていて、日本中どこへ行っても、たいていの医療機関に「無条件で」受診することができるから。この日本人にとっての当たり前が、アメリカでは通用しません。それはなぜなんでしょう。

アメリカでは、ほとんどの人が利用しているのは「民間」の医療保険です。六十五歳未満の国民の七〇パーセント以上が加入しているといわれています。「公的」な制度としてあるのは、メディケア（Medicare 六十五歳以上の高齢者対象の医療保険制度）とメディケイド（Medicaido 低額所得者・身体障害者のための医療費扶助制度）の二つだけ。最初に登場したホセのお母さんが入っている制度です（そのほか公的制度には退役軍人保険もありますが特殊なので今回は触れません）。

重大な問題は、この医療保険のどれにも入っていない人がいる、ということです。六十五歳未満の人口の一七・四パーセント、およそ四千万人弱の人々。クリントンの医療改革も、この無保険者といわれる人々をなんとかしなければ、ということで始められたことを思い出してください。

アメリカの医療費はほんとうに高額で、保険に加入していない場合にはすべての費用が自己負担です。日本でも自由診療（保険外診療）の歯医者さんをイメージしていただくといいでしょう。歯の矯正や治療で何本治して何十万、何百万かかったという話を耳にされたことがおありですよね。それが簡単な病気の治療や手術で、すぐそうなってしまう。とても個人の資産では払いきれない、というケースも出てくるわけです。だからなるべく病院には行かないようにする。その結果、取り返しのつかないことになる場合だってもちろんあります。

また、深刻なのは診療拒否。医師や医療機関によっては、最初から保険に入っていない患者の診察すら受け付けてくれないことがあるのです。日本中どこでも診察を受けられる私たちとは大違いです。

みなさん、医者たるものが門前払いとは何事か、と思われるでしょう。そもそも、アメリカでは医療に対する考え方が根本から違っていて、「お金で買うサービスのひとつだ」という意識が徹底しています。これは、高い技術を持った医師や医療機関なら、高額な診療報酬をとってもいいということ。人々が納得してその技術（サービス）に高価な対価を支払うのはOKなのです。そして当然、対価の払えない人はそのサービスは受けられない、ということになります。だから「お金がなければ始まらない」というわけ。

実は、日本でもおんなじだったんです。貧しい人、治療費や薬代の払えない人たちはお医者さんにかかることはできませんでした。だからこそ、古くは小石川養生所がつくられたり、「赤ひげ」が物語になる。ドラマの「大岡越前」に出てくる榊原伊織は、この小石川養生所のお医者さん、それだから貧しい人たちにも手厚い看護をしてくれるのです。

また戦前も、関東大震災をきっかけにいわゆるセツルメント運動がおこりました。これはイギリスのボランタリーな運動を見習ったものなのだそうで、東大の学生たちが中心になって震災の被災者救済のために活動し、その後も貧しい地域に入っていって民主的診療所がつくられました。裏をかえせば、貧乏な人はふつうのお医者さんにはかかれなかったのです。

戦後になっても、基本的な状況は同じ。日本の医療を大きく変えたのが、一九五九年から取り組み、六一年にできた国民皆保険の制度です。日本ではすでに一九二二（大正十一）年に健康保険法、一九三八（昭和十三）年の国民健康保険法と、かなり早い時期から保険への取り組みがされていましたが、いずれも国民全部をカバーするものではありませんでした。皆保険が達成された時代は、日本が戦後の荒廃をようやく抜け出し経済発展を始めた時期。でも国民のほとんどは、まだまだ貧しかったはず。そのなかでできたことを思うと、何か感無量ですね。クリントンがめざしながら成し遂げられなかった制度を、私たちはこんなに早く作り上げたのですから。いまではすっかり定着して、ちょっとありがたみを忘れてしまった感もありますが。誰もに保険があるからこそ、まがりなりにも私たちはそれほどお金の心配はしないで、とりあえず病院に行くことができるのです。

少し、横道にそれてしまいましたね。とにかく日本の皆保険制度は大切にしたい、というのが私の思いで、ついつい力が入ってしまいます。これからお話しするアメリカの現実をみなさんが知ったら、日本にいる幸せをわかっていただけるでしょう。

ここでは、アメリカの医療はそもそもサービス産業で、基本的にはお金次第、ということを頭に入れておいてください。

「民間」医療保険って何？

アメリカでは一般に、公的な保険制度の条件にあてはまる人たち以外は、民間の保険会社から種々の保険を「購入」しています。とても複雑な制度なのですが、わかりやすくいうなら、生命保険のイメージ。生命保険やがん保険には、いろいろなプランがあって自分で選べますし、各種の特約もあります。要は、支払う保険料と保障の内容を照らして、それぞれのライフプランに合わせて決めていくもの。原則として、十分な保障を受けようと思ったら、つまり入院や病気に対する支給額をたくさん、しかも長く受けたいなら、そのぶん高い保険料を払わなければなりません。そのバランスを考えて、みんな保険を「購入」しているわけ。アメリカの民間保険も原則は同じです。たとえば、なるべく自由にお医者さんや病院を選びたいと思ったら、それだけ保険料は高くなります。だから、どの保険にも入れるのが基本ですが、なかなかそうはいきません。

彼らはほとんどが自分の所属している会社、団体、学校などが提供している団体民間保険に加入します。雇用条件に「社会保険あり」と日本でも書かれていますが、アメリカでも会社がどういう保険に入っているかは雇用条件のひとつです。保険の掛け金も一般には高額。個人ではなかなか払い切れません。会社の保険なら、すでに書いたように雇用者側が負担してくれる部分が大きいし、クリントンの声明にもあるように、保険を失いたくないために転職できないでいるという話も出てくるわけです。

先ほど、もしお医者さんを自由に選ぶなら、と書きましたが、この点も実は重要なポイントです。日本では保険を使える病院は当たり前。町の小さな開業医でも、大病院でも看板をよく見てください。必ず、「各種保険取り扱い」と書かれているはず。病院にとっても、保険医療機関の指定は死活問題です。だってみなさん、保険のきかない病院に行きますか？　行かないでしょう。だから問題を起こした病院に対して、厚生労働省（まだなかなか言い馴れませんね）が、指定を取り消すという措置をとる。これが最大の武器だからです。

アメリカの民間医療保険では、この自由がほとんどありません。どのタイプのどこの会社の保険かで、かかれるお医者さんが決まっている。簡単にいうとグループになっていて、それ以外の病院に行ったら全額自己負担になります。自由度の高い保険もあるにはありますが、保険料も高いし、現在ではそのタイプの保険のシェアはとても小さいといわれています。

もうひとつの特徴は、そのグループのなかでも、最初にかかるのは家庭医とよばれるお医者さんだということ。どんな病気でもまず、決められた家庭医のオフィスを訪ねて診てもらい、その判断によって必要なら専門の病院が紹介されるという仕組みです。

なんでもかんでも、大きな病院に行けばいいという日本の大病院志向も考えものですが、家庭医を通さないと何も診療が始まらないのもやはり不自由なことです。とくに緊急の場合など、そのために治療が遅れて手遅れになってしまうというケースもあるようです。

ここで、私のアメリカ病院初体験のエピソードをちょっとお話ししてみましょう。

生活の変化から思わぬ感染症に

一九九三年、私は、ニューヨーク州にある大学で病院経営学を学んでいました。すでに八九年にイムノエイト㈱という保険調剤薬局の会社をつくっていて、医業に関するより多角的な事業に取り組みたいと思って、一念発起、この分野で最も進んでいるアメリカでホスピタル・マネジメントの勉強を始めたのです。このときとてもラッキーな事に、イムノ・コーポレーション・USAという現地法人も立ち上げられました。

希望にあふれてニューヨークに移り住んだのもつかのま、とんでもないアクシデントに襲われてしまったのです。私は、日本人の典型、大のお風呂好き人間。でも、あちらで住みはじめた家には、ゆったりとお風呂につかる、というイメージのバスタブがありませんでした。しかたなく、シャワーですますかたちの入浴を続けることに。しばらくして、私のからだに異変が起こったのです。

最初は歩いていて左足に違和感を感じるようになりました。それがみるみる魚の目かたこのような固くて痛いものになって、これは感染症だなとすぐわかりました。私も薬剤師、医療関係の知識もあります。とりあえず日本から持参した抗生物質を自分で処方して様子を見ることに。けれど状況はますます悪くなるばかりでした。固く大きく腫れ上がり、とてもまともに歩くことさえできなくなって。

うーん、困ったな。正直、気分は最悪。もう病院に行くしかないな、と覚悟を決め、取り出したのがソーシャル・セキュリティ・カード。みなさん、あまりご覧になる機会はないと思うので、お見せしましょうね（写真）。これには、説明書のような手帳がついています。アメリカ在住の人は必ずＩＤ、身分証明書として、番号をもっています。

その第一ページを開くと、ずらっと医師や病院の名前が載っています。これが、先ほどから少しご説明したグループみたいなもので、つまり私の入っている保険契約ではこのリストのなかの医療機関しかかかることができません。

まず、家庭医にあたる医師のオフィスに電話をする。足が悪いのですが、とりあえずは内科医が担当です。この家庭医は、プライマリーケア医師（主治医）といわれています。オフィスを訪ねていくと待ち時間はゼロ。アポイント制なので、むだな時間を待たされないのは、アメリカの医療のプラス面のひとつですね。そしてすぐに診察が始まり、すぐすみました。

固く腫れた私の足の裏を見るなり、彼はこう言ったのです。「これは〝プランツ〟という感染症ですね。アメリカに特有なものなので日本では治療ができません。治療法としては患部を凍結させて、この菌は寒さに弱いんですよ、それで菌を殺します。高度な技術なので、治療できるのはウェストトチェスター・メディカルセンターですね。紹介状を書きましょう。ただし、特殊な治療ですから処置費のほうは覚悟しておいてください」。

医師の説明によると、日本での清潔な入浴習慣をもっていた者が、つまりは抵抗力のない人間が、アメリカでシャワーしか使わずにいて、浴室の床も必ずしもきれいとはいえないし、足の裏にできたほんの小さな傷から菌が入ってしまったんだろう、ということでした。「このたこを切り取って治そうとしても、むしろ菌を足じゅうに広げてしまって、とんでもないことになりますよ」と、彼は凍結法をすすめます。治療費が高くってもやるしかないし、でもお金のない人はどうするんだろう、悪いとわかっていても自分で削っちゃうんじゃないかしら、最初から病院に行こうなんて思わないかも、と漠然と考えていました。

「処方箋を出しますよ」という彼の言葉に我にかえり、いえ私は薬剤師で処方は自分でできるので必要ありませんと答え、そのオフィスを後にしました。

そして、ふたたびアポイントを取ったメディカルセンターに向かいます。こちらは、こぢんまりとした家

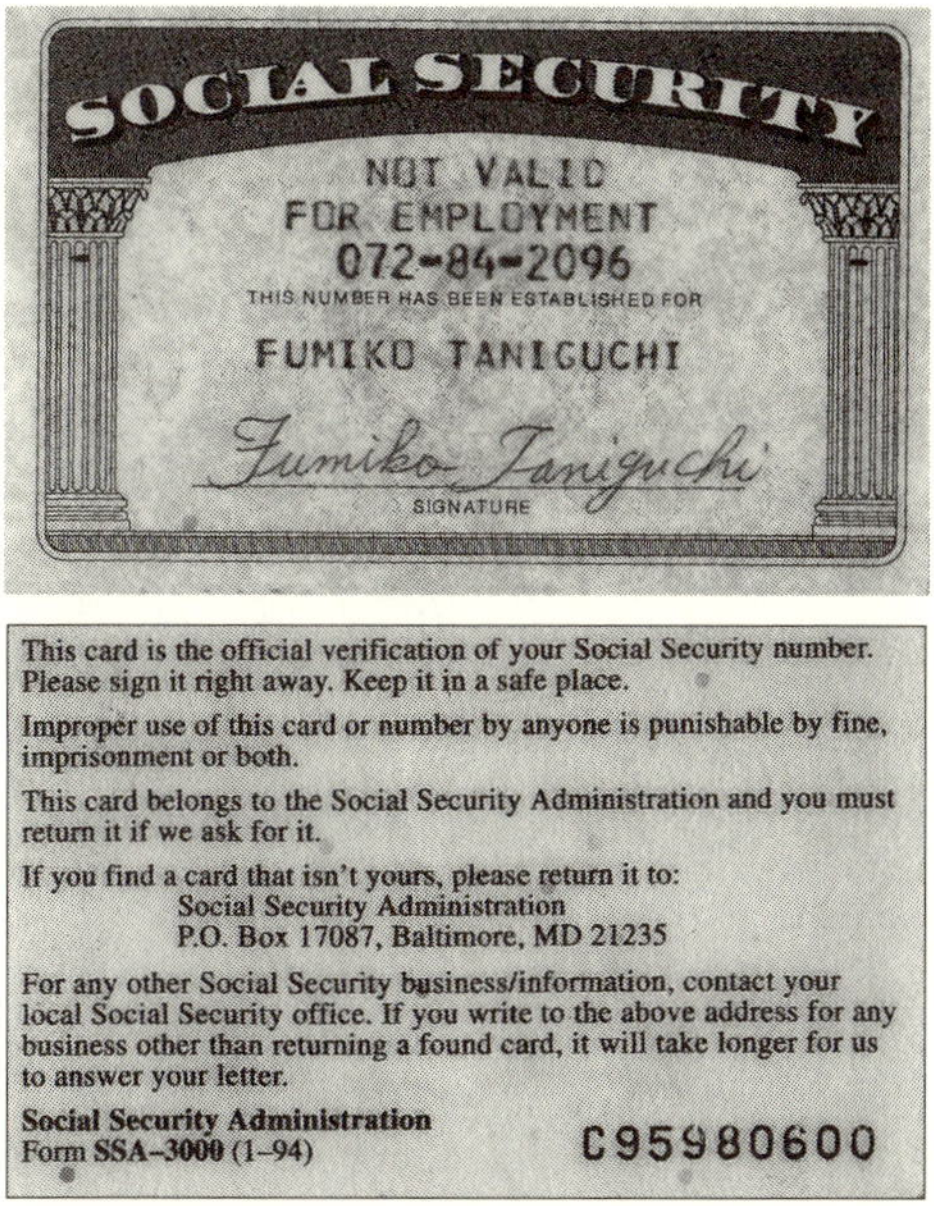

アメリカ政府発行のソーシャル・セキュリティ・カード

庭医のオフィスとは違って大病院。それでも、待ち時間はありません。てきぱきとした医師の指示に従って、すぐに「凍結」治療が始まりました。この「てきぱき」というのも実はくせ者で、日本の三分診療とはまた意味は違いますが、とにかく効率的な医療というのが大命題で、無駄な動きは一切なし。なにか機械的な感じも受けますが、技術力は確かなのでその点は信頼がおけます。高度医療の技術というのも、アメリカ医療の最大の売りですね。

さて、話を「足の裏」の治療にもどしましょう。これがなんとも滑稽な図。足を持ち上げ、腫れ上がった患部をがばっとくわえ込むように器具が取り付けられます。そしてマイナス四十度、いや七十度だったかも知れません、とにかく途方もない温度で冷却しまさに凍結させるんです。私自身は寒さを感じることはないのですが、どうも妙な気分です。約二十分経過。この日の治療は終了です。最初からでも三十分もかかっていません。次はいついつにと日時を決め、病院を出ました。

週に二回ずつくらいで十回。一カ月あまりかかって治療は終わりました。不思議なことに、まさにポロリという感じで腫れた患部が落ちたのです。

治療費はやはり高額でした。日本円で八万円あまりだったと思います。そんなに高くないんじゃないの、と言われるかも知れませんが、日本とアメリカでは物価がかなり違いますから、お金の価値としては倍以上のイメージなのです。私の入っていた保険の種類はPPOというのですが、これは掛け金が高く（どちらかというと日系企業などが加入し、アメリカ企業はもっと保険料の安いHMOに入っている）、保障の内容もまずまずのものなのに、「凍結治療」は特殊ということで悲しきかな保険適用の対象外でした。残念！

なんとか足の治療を終え、前のようにちゃんと歩けるようになった私が一番最初にしたことは、わが家の浴室を改装し、ちゃんとつかれる湯船を造ったことでした。

アメリカの医療保険早分かり

これまでちょこちょこ出てきたアメリカの医療保険を、ここでざっとご説明しましょう。これはプランというか形式というか、それぞれのなかでも契約によって保障されるものが違うし、扱うのが民間の企業ですから日本のような各保険ごとの一律の対応はまずありません。だから生命保険・がん保険のイメージ。それにプランや会社ごとに抱えている、つまりグループの医師や医療機関が違うわけで、たとえば乳がんを患った女性がその最新治療を受けたくて、その技術をもっている病院にかかれる保険に加入するというケースだってあるんです。

ややこしいな、と思われる方は読み飛ばしていただいても結構です。

まずは、民間の医療保険から。

・インデムニティ（Indemnity）プラン

このプランは従来からある伝統的な出来高払い方式のもの。ただし、現在このプランはまったく低調とのこと。

医師や医療機関の選択は自由、保険が適用される施設での処置なら保険申請の対象です。制限がないだけ保険の掛け金は割高。多くの場合、利用者の「自己免責額」が年ごとに設定されていて、その額までは自己負担。これがわかりづらいですよね。簡単にいえば、生命保険の入院特約で二日間は自己負担、三日目から〇〇円支給しますというのがあるでしょう。この二日間が自己免責にあたります。もちろんこの金額はかなり大きなものです。その額を超えると、ようやく保険会社は契約内容にそって超過ぶんの一定割合を支払い、残りは自己負担。通常は年間の自己負担の限度額が決められていて、それを超えるとやっと保険会社の一〇〇パーセント負担となります。

でも、ここにもアメリカ的な取り決めがあります。保険会社が支払ってくれるのはあらかじめ決められている「普通標準医療費」に基づく金額。これは病気ごとにいくつかのグループに分類されていて、基準となる治療費が決まっているということ。これも重要なポイント。いま、日本の厚生労働省が導入を検討しているのが、このアメリカ型の医療費キャップ方式なのです。このメリット・デメリットについては後できちんと書きますが、要チェックです。

いずれにしても医療側の請求額（出来高式で加算した金額）と保険会社の設定料金との差額はカバーの対象にはならず、これも自己負担です。医療費抑制にやっきになっているアメリカでは、ほとんどのインデムニティプランに保険乱用を監視するための入院日数事前査定などの「治療費抑制条項」がふくまれています。それでも、このプランは最も費用のかかるタイプとされています。

・HMO（Health Maintenance Organization　健康維持組織）プラン

これは現在最もオーソドックスになっているプラン。興味のある方のために略語の元も書きましたが、ややこしいので横文字は無視していただいて結構です。

高騰を続け、アメリカの社会問題となった医療費の抑制を目的につくられたのがまさにこのプランといえます。格好よくいえば、マネージドケア、管理された医療の典型。

各保険会社は医師や医療機関と契約し独自のネットワークをつくり、患者は必ずそのネットワーク内の医師や医療機関を利用。自己負担額は、治療の内容にかかわらず通院一回ごとに決められた料金だけで、通常はその一回の自己負担額は保険のカードに記載されています。先ほどお話しした私のケースはこのHMOではありませんが、医療機関はネットワークされていました。

まず、保険に加入した時、それぞれプライマリーケア医師（通称PCP、主治医）を選択します。主治医はふつう一般内科医や小児科医などのいわゆる家庭医です。初診は必ずここで受け、専門医にかかる時は主治医の紹介が必要です。このシステムを通さずに治療を受けた場合は、全額が自己負担。

保険の掛け金は他に比べ割安ですが、利用範囲には制約があります。HMOでは、患者はただ一回分の定額を支払うだけで事務的な手続きはないし、年間自己負担免責などもありません。安くて簡単というのはメリット。でも一方で保険会社からの医師や医療機関への支払いが最初から決まっているため過少治療の可能性も。要するに医療サイドとしたら、支払われる金額が決まっているなら使う経費（治療内容）を抑えるほど利益は上がるわけです。これは考えてみたら恐ろしい話だと思いませんか。

・ＰＰＯ（Preferred Provider Organization　選定医療提供者組織）プラン

このプランが、先ほどの私の体験でお話しした保険です。これも患者の医療費負担を減らし、さらに膨れ上がる医療費にたいしての抑制効果をねらってつくられたもの。ＰＰＯでは、医療サイドが保険会社と提携し特別料金（普通標準医療費からの割引）が設定されています。契約している医師、医療機関（ネットワーク）なら、加入者はその特別料金で利用が可能ですし、また通常料金と特別料金との差額の自己負担はありません。

ＰＰＯでは出来高払い方式が採られていますが、医療費抑制条項を必ずふくむプラン設定がされているので、無駄な医療費の発生を防ぐといわれています。またＨＭＯと違う点は、ネットワーク以外の医師や病院を選んでも給付の対象になること。ただしカバーのしかたはインデムニティプランと同じ扱いです。自由度があるのは利点ですが、ネットワーク内を利用したほうがもちろん自己負担は少なくてすみます。

・ＰＯＳ（Point of Service）プラン

このプランは一番最近出てきたもので、インデムニティプランとＨＭＯプランを組み合わせたような形式です。ネットワーク内外の医師や医療機関の受診が可能。ネットワーク内利用の時は、プライマリーケア医師の選択から始まるＨＭＯのスタイルで、ネットワーク外利用の場合はインデムニティプランと同じ扱いになります。

以上お話しした四つがアメリカの民間医療保険のあらましです。インデムニティプラン以外はマネージドケアと呼ばれ、「徹底した無駄の排除によりできるだけ安く、効率的な医療の提供を標榜する」とされています。でもこれは表向きというか、医療費を減らすための「見張り番」です。「徹底した無駄の排除」「効率的な医療」とはなんだと思いますか?

医療機関にしたら、もらえる金額が前もって決まっていれば、当然「無駄な」検査や治療はしません。そのぶん経費もかかります。でも、省くのはそれだけでしょうか。必要と思われる検査も治療も省かれてしまうかも? と危惧するのは、私ひとりではないでしょう。治療にあたる医師たちも縛られています。使える検査、薬、処置の範囲内で治療を行っているか、つねに現場のドクターを管理する立場の医師(部長、日本でいえば医局長といったところ)がいます。管理者にいちいちお伺いを立てないとなにもできない。これでは、助かる者も助からないかも知れませんよね。

患者の側から言ったら、自己負担の部分が多いこと。アクセスという点でも、日本のようなフリーアクセスは許されません。好きな医者を望むならどうぞ全部支払ってということになる。それはたいへんな高額です。また、家庭医を通すシステムは合理的な部分も確かにありますが、緊急に飛び込んでも受け付けてもらえないというマイナス面も大きいのです。

今年、二〇〇一年五月三日付けの朝日新聞のくらしの欄に、こんな記事が載っていました。マネージドケアを特集した「日米医療事情」のコーナーです。

「96年1月。一人暮らしだったテリーさんの母親（当時74）は激しい背中の痛みで目覚めた。痛みはしだいに腹部に広がった。母親は加入していたHMOに電話をかけたが、『あなたの主治医は予約がいっぱい』ととりあってもらえなかった。痛みに耐え切れず、午前中だけで4回電話したが、呼吸困難などの症状がないとして、急患として扱われなかった。

午後になって、近くに住むテリーさんの姉が母親を車に乗せて直接、診療所へ連れていったが、『予約がない』と待たされた。夕方、ようやく医者に診てもらい『腹部の動脈りゅうの破裂』とわかった時には手遅れ。母親は手術の途中で亡くなった。

『電話の応対をしたのは、ただの事務員でした。資格のある医療スタッフがいて、もっと早く医師に診てもらえれば母は死なずにすんだ』。独自に調べた資料を手に、テリーさんは訴える。」

これは、利用制限のために必要な治療が受けられず、母親を失った娘の訴えです。

現実の問題としてこのような事故が起こってしまうわけです。一方で、ダウンタウンの救急医療センターがはやります。急患はそこにかつぎ込まれるしかないから。みなさんもよくご存じのアメリカのドラマ「ER　救命救急室」も、この国の状況をよく照らし出しています。ドラマの舞台はシカゴですが、緊急に運ばれてきた患者がどんな保険に入っているのか、治療費を払うのは誰なのか、いつも問題になる。第一線の医者はきちんと検査をしたいのに上からストップがかかったり。コストに管理されながらも、患者を目の前にした医師は手を尽くして救いたいと思う。それは当たり前のこと。そのなかでの葛藤もドラマの見どころのひとつです。この保険の仕組みも考え合わせるとドラマの味わい方も変わってくるかも知れませんね。

すでに触れたように、現在日本でも医療費の抑制のためにアメリカをモデルとした医療の定額方式が検討され始めています。けっしてひとごとではありません。

おそまつな公的制度

アメリカにある公的な医療保険制度は、連邦政府または州政府の法律に基づいて運営されているもので、メディケアとメディケイドの二つがあります。最初にお話ししたホセのところで触れたように、高齢者や貧困者など特定の条件にあてはまる人々だけを対象にした制度。アメリカには、すべての国民をカバーする公的な制度はないのです。ここからは、とくに介護など高齢者ケアの問題とより深くかかわってきます。

・日本の老人医療制度とはまったく違うメディケア（高齢者医療保険制度）

公的制度とはいえ、一時期は老人医療費の無料化も行われたことのある日本とは、根本的に違う制度です。それは思想的なものといってもいいくらい。そのことをまずは頭においていただきたいと思います。

連邦政府そのものが運営する保険としては、メディケアは唯一の制度。対象となるのは、六十五歳以上の高齢者です。メディケアはパートAとパートBの二つの部分に分かれていて、パートAは強制適用で財源も国庫負担（税金）で賄われますが、カバーされる範囲は主として病院の費用（入院費）に限られています。パートBは任意加入で、財源は国庫負担が七五パーセント、残りは加入者からの保険料です。パートBのカバー範囲はおもに医師の技術料。

ただし、二つのパートともに患者の自己負担は非常に高くなっています。なぜなら、アメリカでは医療費がもともと大変高額なこと。カバーされない費用が多いこと。いくつかの例外はありますが、外来薬剤費が保険の対象にならないなんて考えられますか？　それが本当なんです。また民間保険のところで説明したように、医療機関の請求が基準額を超えると、患者の自己負担となること。そのため、多くの高齢者はメディギャップといわれる補足的な民間医療保険にも加入しなければなりません。

一番の違いは、自己負担の限度額がないこと。むしろ、金額が増えるほど自己負担の率が上がり、ある一定の額を越えたら全部自己負担ということです。入院も面倒をみるのは〇〇日までで、あとは知らないということ。これも生命保険の保障日数などと同じ考え方ですよね。

日本でも、徐々に高齢者の自己負担分は増やされてきましたが、ある金額以上は公的に面倒をみようというのが社会のコンセンサスになっています。その点では、日本人はまだ安心なところがあります。

アメリカでは、ホセの一家のように、病気によっては支払いがかさんで財産を使い果たすということもあるのです。アメリカのご老人は、年をとってもけっして安心はできません。

・屈辱的なメディケイド（貧困者医療費扶助制度）

もうひとつの公的制度であるメディケイドは、各州が運営する低所得者のための医療保障制度。財源は州の税金と連邦政府からの補助金です。年収が一定水準以下と認められてはじめてメディケイドが適用になります。でも認定のための所得調査は厳しく、ある意味では屈辱的。わが家からメディケイドを出したくないと嘆いたホセの言葉がよみがえってきます。六十五歳以上の高齢者であっても、低所得者はメディケイドの対象とされます。

メディケイドでは、身体障害者と二十一歳までの子どもをもつ片親もカバーされます。

メディケイドの内容は、州によって異なっていて、それぞれ独自の運営がされていますが、基本的に医療・看護にかかわるサービスが、最低限カバーされています。またオプションとして、外来処方箋薬、眼鏡、歯科サービスをカバーしている州も多くありますが、メディケイドで使用できる医薬品は、各州の医薬品集（フォミュラリー）に規定されているものだけ。いずれにしても、メディケイドは一種の「措置」制度で、患者の自己負担は原則としてありません。

アメリカでは高齢者の介護や看護に対する特別の制度はありません。メディケア、メディケイドという医療保険が介護にあたる分野をまかなっています。そして、医療費抑制を標榜したマネージドケアのシステムが、病院からの高齢者の追い出しにつながっているという、否定できない現実。追われたお年寄りはどこへ行くのでしょう。

ここまで、今日のアメリカの医療保険について、そのおおよその枠組みをお話ししてきました。それでは、この本のテーマでもある老人医療・福祉という視点から、アメリカの老人たちのおかれている状況を、お年寄りの暮らしに覆い被さる影、それは家族みなを覆ってしまう影でもあるのですが、考えてみましょう。

お年寄りにとって、一番かかわりの深いメディケア、メディケイドはどう生まれてきたのか、次はそのことをお話しします。

老人たちの悲鳴が、アメリカ政府を動かした！

退役した軍人のための医療保険制度を除いたら、まさにこれしかないという公的医療保障制度であるメディケア、メディケイドは、一九六〇年に生まれました。ほとんど一貫して「小さな政府」、つまり「安上がりの政府」をめざし、国民に自助努力、自己責任を求め続けてきたアメリカ。そんな国が公的保障に踏み込まざるをえなかった背景はなんだったのでしょう。

第一にあげられることは、アメリカの「高度」医療技術です。

現在でも世界の先端を走っているアメリカ。その地位はずっと変わることはなかったのです。当時も、世界トップの技術がどんどん開発されていました。当然、開発費は莫大にかかります。いまの医療診断の場面で最も活躍しているといえるＭＲＩやＣＴなども開発したのはアメリカ。ヒトの遺伝子情報の解析に一番熱心に、そして一番お金を注ぎ込んだのもアメリカでした。開発は大きな機器ばかりではありません。手術の手技もしかり。また、手術に使う小さなドレーンひとつとっても開発費がかかっています。

連邦政府も、たくさんの開発費を出して後押ししました。メーカーはメーカーでその開発費に群がってどんどん研究に取り組むし、ドクターはドクターで治療に新製品を使い続けた。多くの医療分野の学会もその流れの中でとてもレベルアップしました。それ自体はいいことだったのですが、結果としてどうなったでしょうか。

医療費が猛烈に高くなったんです。開発コストを医療費にかぶせていかないと、とても追いつきませんよね。それで入院して手術を受けると、けた違いにお金がかかる。そのかわり、日本ではできないくらい完璧な手術。たとえば臓器移植なども可能になるくらい、手術や医療器具の技術は磨かれました。でも、その代償は大きかったのです。

一九五〇年代、高度医療技術の開発ラッシュが続き、医療費が急騰。五〇年代から六五年にかけて入院医療費、急性疾患の医療費が約三倍に跳ね上がったといわれています。もちろん、医療技術だけが原因ではありません。老人人口も全体として伸びました。それでも、最もアメリカ的な特徴は、より高度な医療技術を人々が追い求めたということです。

一九六〇年当時、六十五歳以上の老人の約半分の人たちの年収は、千ドルを下回っていたといわれます。それなのに、一回入院すると三百四十五ドルかかってしまう。これは年収の半分ちかい金額！　アメリカでは入院したときの在院日数はだいたい一週間以内、二、三日というのがほとんどです。それでも、入院することは即、経済的破滅を意味することになりました。

「おれたちは、もう破滅だ」国民のあいだから、悲鳴があがりました。

これは、当時の古い新聞記事に載った出来事です。

そして、やむなく一九六〇年、アメリカ政府は「医療危機非常事態宣言」を出しメディケア、メディケイドという公費負担の制度を発足させました。でも皮肉なことに、この二つの制度は、その後のアメリカが抱える大きな社会問題「ナーシングホーム産業」を、後押しすることになりました。

では、ナーシングホームって何？　ナーシングホームは、一種の医療施設、医療機関とアメリカではみなされています。そこには、「入院」という意識があります。けれども実態としては、医療と呼べるようなサービスは、ここでは提供されていません。老人ホーム的な施設で、むしろ日本の老人ホームのほうがはるかに医療的なサービスを提供しているといえるでしょう。

そもそもアメリカのナーシングホームがどのような経緯で生まれてどう展開し、今日のような巨大産業になっていったのか。そこから見ていきましょう。

「金のなる木」としてのナーシングホーム

二十世紀の初頭、ナーシングホームは各地の教会や友愛組合、社会事業団体、そのほか慈善団体などによって運営されたり、または後援されていました。土台にあったのはカトリックやプロテスタントなどのいろいろな宗教的なもの。それがコミュニティとも密接に結びつきながら慈善的な愛の心によって生まれてきたものです。

病気の人や貧しい人が身を寄せたこの施設には、ひとりか、少ない数の看護婦さんがいてケアを行っていました。それで、ナーシングホームと呼ばれたのです。

一九二九年、ウォール街の株価大暴落に端を発した大不況は、一九三〇年代に入るとさらに深刻化して、人々の暮らしを直撃していました。病気になっても誰も病院に行けず、政府による医療保障を求める国民の声が、ほうふつとわき上がってきました。国民皆保険を要求する声です。二十世紀の終わり、もう一度その声があがったのがクリントン政権の時代。でもその顚末はもうお話ししたように、みごとな敗北に終わっています。この時以前に大きな世論の盛り上がりがあったのが、実は大不況の一九三〇年代。アメリカ人は、二十世紀のうちに二度のチャンスをふいにしました。

大恐慌のなか、皆保険が実現できなかった時、老人たちに何が起こったのでしょう。

一九三五年、社会保障法が成立し、自宅で生活する老人に「手当金」が出されるようになりました。それは不況下、貧困線以下といわれる人々（いわゆる貧困者）のうち、老人が一九三六年には七〇パーセントを占めるほどになってしまったからです。ちなみにその数は一九五九年でも三五パーセント、七二年でも二〇パーセントになっています。日本ではお年寄りは、子育て世代などと比べて悠々自適、お金にもゆとりがあるイメージですが、アメリカではとにかく、老人になればなるほどお金がありません。それはなぜ？　簡単です、医療費でお金を持っていかれちゃうから。

一九三五年、手当金を手にした老人たちは、そのお金を持ってケアのついている民間アパートに移動していきました。手当金をもらっても、独り暮らしのお年寄りにとっては、自分ではどうすることもできないのです。

ケア付きというと何か聞こえはいいけれど、実際はおそまつで、建物もみすぼらしいアパートを改造したようなものでした。施設に対する規制なんて何にもないような場所です。そこに、看護婦が通っていった。終の棲家をもとめ、ここに老人たちは移っていきました。

こんな民間施設が、いまの「ナーシングホーム産業」の原型といわれています。

要は、デンマークの発想とも、日本での成り立ちともまったく違う。計画的に美しくということもない、きちんとしたケアのシステムを備えて、という発想もない。政府の意思なんて何も入っていない、いわば「野放し」の民間の施設に、お年寄りが「避難した」ことが、スタートラインだったのです。

そんな劣悪な姿の原型があったところに、手当金以上に大きな財源ができました。それが、一九六〇年代に導入されたメディケア、メディケイドです。

入院施設とみなされているナーシングホームには、医療保険からお金が出ます。「ケアは金になる」、マネーの国アメリカの企業家たちが、見逃すはずがないでしょう。ナーシングホームはどんどんつくられていきました。あるものは古いホテルを改装し、またあるものは民間の零細なアパートが改造されて。すでにあった小規模のナーシングホームを次々と買収、大きなグループをつくって寡占化を強めていった企業もあります。利潤追求のための「金のなる木」として、ナーシングホームは一気に「産業化」されていきました。

その数がどれだけ増えていったのか。一九三〇年代に二万五千床だったものが、五〇年代には三十万八千床、さらに一九八五年には百六十万床まで伸びています。これ、何倍だと思いますか？現在はさらにその数を増しているでしょう。

そして、営利主義の株式会社、民間企業が経営するものこそが老人施設、つまりはナーシングホームなのだ、ということになったのです。そして、劣悪で悲惨な状況というナーシングホームの原型は、本質的には変わることはありませんでした。

お年寄りのおかれた状況とは

いま、ＩＴバブルがはじけて、ちょっと経済にかげりがみえてきたアメリカ。でもほんのすこし前までは、空前の好景気にわき、エグゼクティブなビジネスマン、強いアメリカがたいていの日本人のイメージですよね。どこかに紛争があれば、リーダーシップをとってすぐ駆けつける世界の警察官・アメリカ。この国の老人といったら、リタイアしてマイアミあたりで悠々自適のお金持ちを想像してしまいませんか？

ほんとうはけっしてそうではないんです。あまり報道されることもないから、私たちはただ知らないだけ。アメリカの老人人口は、全人口二億二千五百万人の約一一パーセント、およそ二千五百万人。そのうちの三百八十万人が貧困線以下、二百二十万人が貧困線スレスレの生活状態といわれているんです。全高齢者の約四分の一に当たる人々です。とくに、七十五歳以上の後期高齢者の増加が著しくなっています。

アメリカで暮らした私の実感としては、お年寄りの幸福を左右する最大の要因は「健康」と「収入」と、誰もが口をそろえて言います。このどちらかに困難が生じれば、たちまち再起不能に陥ってしまうから。

誰もが、家計支出のなかで、生活していくうえで必要不可欠のものとして挙げるのが食費、住宅費、交通費、そして医療費です。これが家計費の四大支出。限られた収入の中で、かろうじて四つのバランスをとっている家計運営で、病気を抱えてしまったら当然医療費は跳ね上がり、家計は圧迫されバランスを失って墜落してしまう。そんな危ういところに、アメリカの老人たちは置かれています。

これはなにも貧しい老人に限ったことではありません。すでに触れたように、高齢者対象のメディケアは、公的保険といいながらけっしてすべてが賄われるわけではなく、多額の自己負担が求められます。老人たちは、彼が、彼女が貧困ラインから転落するまで、自己負担を続けていく。そこに家族がいれば、もろともに落ちていきます。

この状況の厳しさ、悲惨さが、最も集約されて表れている場所が、すなわちナーシングホームなのです。

「ナーシングホーム産業」の正体

「病院での濃厚な治療はできないが、専門的な看護ケアや介護ケアを、常時必要とする人々が入る施設」

これがアメリカのナーシングホームの定義です。わずか二行のごく簡単なもの。もし日本の老人保健施設の基準を書き出したら、それこそ何ページにもなってしまうくらいなのに。

おおまかな区分けは二つ、看護ケアホーム（ＳＮＦ）と中間ケアホーム（ＩＣＦ）です。ＳＮＦは、二十四時間比較的高度な看護ケアを提供できる施設、ＩＣＦは介護主体の施設とされています。どちらの施設にしても、医師の往診は二、三カ月に一回程度。それで入所者は「入院」とみなされ、ナーシングホームは「入院施設」とされている。これによって、アメリカでは病院とナーシングホームという二つの入院施設の二重構造がつくられました。一応、ＩＣＦのほうはメディケアの対象にならないのですが、実態についてはあとでお話しします。

スタッフをみてみましょう。この施設にいるべき人間は看護婦だけ。アメリカでも、正看護婦と准看護婦の区分はあります。けれど、ナーシングホームには、正看護婦でなければならない、といった規定はなし。とにかく、少数の看護婦がいればいいだけ。あとは、まったくの無資格者が、ケアに実際にはたずさわっています。

看護婦がいて二十四時間体制である、最低限それがクリアされれば入院施設とみなされる。これはとんでもないことです。

日本でいま、介護保険を使える医療機関は、とても厳しい基準を満たさなければなりません。看護婦だけではなくて、医師がいて、OT（作業療法士）、PT（理学療法士）、その他、多くの規定があります。それがなければ、高齢者への介護の質を保障できないと考えられているから。でもアメリカには、こういう意識がほとんどないのです。

大部分が無資格者（つまり低賃金で雇える）でも公費が使える。「産業」として成立する。企業の経営者にとって、こんなにおいしい仕事はないわけで、この分野に進出し劣悪なナーシングホームをどんどんつくって一大産業に「成長」させました。

ちなみに、最大手といわれるビバリーエンタープライズ社の売上げは二十一億ドル。一九六三年に三カ所、二百床からスタートし、わずか三十年ほどで三十八州、一〇三三カ所、十二万床に規模を増やし、寡占化体制を築いています。

一九三〇年代に手当金を持って老人が駆け込んでから、五十年あまりで百六十万床に増えたナーシングホームのベッド、その七四パーセントを営利主義の株式会社が占めていて、公立の施設は五パーセント、NPOなど非営利団体によるものは二パーセントにすぎません。アメリカのナーシングホームのベッドのほとんどは、企業によって押さえられている！　こんなことは、他の国では考えられません。これは、アメリカの特筆すべき特徴です。

しかもベッドの稼働率は、驚くなかれ九二パーセント。ほぼ満床で、まだまだ足りない。このため、どんなに劣悪な施設であっても、認可しないといえない。その弱さが行政側にはあります。どんなものでも、とりあえずあれば助かるから。今ある施設を、基準を厳しくして取り締まれるかといったって、結局、違反する施設の認可も取り消せません。そこにはすでに、たくさんのお年寄りが暮らしているからです。こんな連邦政府や州当局の弱みにつけこんで、企業は利益をむさぼり拡大していきました。

膨れ上がる費用、増大する需要
――追われる老人たち

ナーシングホームの費用は、一九七六年から八六年のわずか十年間で、約四倍に増大しています。その後も年率五パーセントで上昇していくと予測されていました。こんなに費用が増加していくおもな理由は、まず七十五歳以上の高齢者（後期高齢者と呼ばれ要介護度が高い人々）が増えたことが第一。この時期のアメリカ経済がインフレになっていたこと。そして、ナーシングホームのサービス価格自体が高騰していたこと。

サービスの価格が上がっていくのは、施設を経営しているのが営利企業で、しかもそれが全体の七五パーセントを占めているんだから、しごく当然ですよね。ベッドはいつも一杯で、需要超過状態、つねに売り手市場なのですから。

では、お年寄りの負担はどうなっているのか。メディケアでナーシングホームに入ると自己負担分は二分の一。公費負担の占める割合は年々低下してきて、数年間で約一〇パーセントも低下したといいます。これではとてもたまりませんよね。

一九八六年当時の、全米のナーシングホームの費用の総額は三八一億ドル、日本円にして四兆七千五百億円にも上りました。このうち、メディケアの負担しているのはわずか一・六パーセント、民間保険一・五パーセント。残りを入院者の自己負担五〇・九パーセント、メディケイド四一・五パーセントで、ほぼ半分ずつ負担しています。

何が、こんなにナーシングホームの需要を押し上げているんでしょう。

管理された医療、前半でお話ししたマネージドケアが、そのキーをにぎっているんです。メディケアでの入院医療費の支払いにはＰＰＳという方式がとられています。これが医療費抑制のみそ、前にも触れた病気ごとに決められた治療費の話を思い出してください。

この方式では、各疾病が四八七の診断群のいずれかに分類されていて、決められた金額の診療報酬を病院が受け取ることになっています。たとえば盲腸ならいくら、と最初から決まっていて、定まった金額のうち、低コストで治療するほど病院の利益になる。そこで、なるべくベッドに寝かせない、薬もなるべく使わせない、ドクターもなるべくパートタイムでやる、と節約の手法はいろいろあります。もちろん白衣の倫理観に基づいてそんなにひどいことはしませんが、最低限の検査にするとか、場合によっては検査はなしとか、手術後も徹底的に早くベッドから起こします。

終末期医療にしても日本の姿とは違います。極端な話、日本では患者の最期を手厚くすればするほど病院は儲かります。電気ショック、医師による心臓マッサージ、すべて医療行為としてきちんとカウントされますから。病院のベッドで亡くなる方がいても絶対に損はしません。いっぽう、アメリカではそんな処置はしないほうがいい。なるべく、亡くなる方を病院に置いておきたくない、というのがアメリカです。

簡単に言えば、マネージドケア、医療費を抑制するために何が行われたかというと、患者の在院日数を減らすこと、そこに焦点がおかれました。日帰りオペも大いに奨励。そして病院からどんどんベッドがなくなっていった。入院の必要がなければ、ベッドはいらないんですから。入院のための施設はこうして削られていきました。

一般の病院では、平均在院日数は一週間、二、三日で退院というケースもたくさんあります。これってすごいと思いませんか？ 手術している患者さんも入っての日数ですよ。日本ではとても考えられない数字です。

一方、ナーシングホームでは、平均が約一年半、五百日というところ。費用の面をみると、病院では一日（一回？）千ドルから三千ドル（治療費を含めて）かかるのに対して、ナーシングホームでは平均一カ月で二千ドルです。同じ「入院」なのに、まったく違う。コストにこれだけの差があるのです。

結局、病院の医療費に比べて、ナーシングホームのほうがものすごく安くてコストがかからない。しかも終末期の患者に病院で亡くなられては困る、という事情もある。そこで、病院側の動きとしては、患者をなるべく早くナーシングホームへ送り込もう、ということになるわけ。マネージドケアの名の下に患者は病院を追われ、行き着く先はナーシングホームしかなかった。それがどんなに悲惨な場所だったとしても……。

この結果、アメリカでは病院における医療費は劇的に下がり、医療費抑制は表面的には大成功を収めました。けれどその裏で起こっていたことは何？　歯止めのない劣悪なナーシングホームの増加と、それをも満杯にしてしまう患者のおびただしい垂れ流しです。病院とナーシングホーム、二つのベッドは光と影、表裏の関係だったのです。

たしかに、お年寄りにとって、メディケアができたことで、急性の病気で病院に行きやすくなったという点はメリットです。公的制度ができたことで、六十五歳以上なら一人平均二万ドルくらいの医療費が認められるようになりました。ただしその際の自己負担分は三万二千ドルです。

でも逆にいうと、急性期疾患で病院に行けるようになってしまったために、入院してたった二、三日で追い出されて、ナーシングホームに行かされてしまう、ともいえるんです。急性期の治療を終えた患者が、長期かつ低コストで養生する場所がナーシングホームであったはずなのに、マネージドケアのため、手術をしたばかりの患者がまだドレーンをつけたまま入っていたり、末期がんの患者が死に場所としてそこにいる、ということもあるわけです。

思い出してください。ナーシングホームには医師はいませんでした。ドクターが回ってくるのは、二、三カ月に一回なのです。これでは、「死ね」と言っているのとおなじでしょう。

このことが、アメリカでもいっとき大きな社会問題になって、マスコミがものすごくたたきました。でも、いくらたたいても、どうすることもできない。「それならこの施設は閉鎖します」と企業側に開き直られたら、今いるお年寄りはどこにもいき場所がない。ナーシングホームはどこも満杯、お年寄りを放り出すことはできません。結局、マスコミも黙る以外ありませんでした。

ナーシングホーム「産業」が生みだしたもの

「需要」に応えて増殖を続けるナーシングホーム。劣悪な施設。そこに働く職員たちは、どうなっているのでしょう。

みなさんもご存じのように、日本ではヘルパー何級とか、介護福祉士といった資格を取得するため、施設側も積極的に研修を受けさせたり、職員本人も自分でお金を払って取り組んだりしています。けれどアメリカは、そんなことをしている場合ではありません。明日にも働く人が必要なのです。その結果、職員のレベルは急速に低下していっています。極端にいえば、今日稼げれば、という日雇い労働者のような人もナーシングホームで働くようになりました。

そこでは何が起きてくるでしょう。モラル的なものの欠落が一気に進みました。ある程度の教育を受けて、標準的なモラルをもった人なら、老人に対しても一定のモラルをもって接することができます。けれど、仕事内容が要は肉体労働だからと、日雇い労働者意識で働く人たちに、モラルを求めることはできません。

私がそのナーシングホームを訪れたのは、ある秋の日、午後の赤みがかった日差しが街路樹をてらしていました。目的の建物はダウンタウンの外れのほうのごみごみした街を通り抜けたところにありました。なにか、古いホテルか使われなくなった学校を改装したものか、どちらにしてもかなり老朽化した、くたびれた印象の外観です。

ちょっと気後れしてしまって、入るのをためらったあと重い鉄のドアを押しました。今日はこのナーシングホームの見学を約束していたからです。ドアを開けてロビーに入ると、まず鼻をついたのが強いペンキの臭い。そしてさっきまで浴びていた午後の日差しが、ここには差し込まないのかと思うくらい暗ぼったい部屋。よどんだ空気のなかでペンキの臭いも深く沈み込んでいました。

職員に声をかけ、見学を約束していることを告げると、彼女は迷惑そうな表情をありありと浮かべ、即座にこう言いました。「勝手に見ていいわよ。忙しくって誰もあんたの案内なんかできないんだから」。

そう言われて、実は私はほっとしたんです。こんな無愛想な人とおつきあいするのはちょっとご遠慮したいなと。

ぎしぎしいう階段をあがり二階に向かいました。廊下の壁は不規則にでこぼこしています。コンクリートにペンキを塗りつけた壁はところどころ剝がれ落ち、その上にまたペンキを塗り重ねたのでしょう。安上がりな改装では、いったんペンキをきれいにおとしてまた塗りなおすなんて、手間のかかることはできないでしょうから。

廊下には車椅子に座ったお年寄りが、建物の間からわずかに差し込む光を求めるように、窓にくっついて並んでいます。ほとんどがおばあさんです。アメリカでも女性のほうが寿命は長いので、ナーシングホームの入居者もおばあさんばかり。でも、誰も面倒をみてくれる人はそばにいなくて、車椅子に乗せられたまま、ただそこにおかれている、という様子。かつての日本のように、寝かせきりというのはないけれど、座らせきりなんです。

みんな一様に白っぽい服を着ていました。いや、これは服なんてしろものじゃない。背中がまるっきりあいていて、これじゃエプロンじゃない！　おむつをしたうえに、このエプロン型のユニホームを着せられているんです。胸に突き上げてくるものが抑えきれなくて、私は目をそむけてしまいました。

おむつを替えやすいからこんなものを着せてるんだ。人手がなくて、安い経費のなかで合理的っていうんだろうけど、あんまりひどい。やりきれない思いが、ふたたび私の胸をふさぎました。

廊下の反対側が寝室。といっても、この施設では、何人もが同じ部屋に入っています。ここは、メディケイドの人のための施設で、ある意味では最低ランクのところではあります。部屋の入口にはドアすらなくて、カーテンのようなものが目隠しになっているだけ。そこに並べられたベッド。メディケイドになってしまったお年寄りには、もはやプライバシーすらないんでしょうか。

もう、これ以上見ることなんてないわ。その場所にいることすらつらくなってしまって、私は追われるようにその建物を飛び出していました。夢中で歩いて、しばらくしてようやく、来たときより少しまた傾いてきた秋の陽を感じました。

こんな施設の中でまず起きてきたのは、虐待行為です。どうしても老人をいじめてしまう。職員自身が忙しいし、一人の個人として認められないから、どういうことをするかというと、まず幼児的扱いをする、非人格的扱いをする、非人間化が起こる、そして盗難です。

お年寄りにたいして、相手をまったく認めていないので、「〇〇さん、おはようございます」という挨拶すらしないんです。私自身が実際に見てきたように、きちんとした洋服も着せません。前掛けのようなユニフォームは、背中が裸の状態で床ずれができやすく、けっしていいはずはありません。パジャマすらないのです。相手の人格、人間性にたいして敬意を払うことがないので、ただ合理的な感覚だけでこのようなことがどこでも行われています。

盗難は、最近日本でも施設職員による盗み（殺人？）が大きく報道されましたが、ナーシングホームの中では、盗難は日常茶飯事。

肉体的な虐待行為として、日本ではベッドへの抑制、いわゆるベッドしばりがあります。アメリカでは、ベッドに寝かせたままということはあまりないけれど、車椅子に乗せっぱなしにする。これも見ました。お年寄りは、朝車椅子に移され、そのまま日がな一日放置されます。本人が自力では車椅子から降りられないんですから、「車椅子しばり」といっていいでしょう。

施設そのものが抱えている問題もあります。ナーシングホームはコストをかけず設備も整っていない老朽化した建物が非常に多くて、つねに火災の危険性をもっています。現実に、火災は頻繁に起こっています。

くわえて院内感染の問題。日本でも、病院や老人施設でMRSAや結核など院内感染が起こり、新聞などでも報道されますよね。病棟の閉鎖とか、消毒の徹底などさまざまな取り組みで院内感染を防ごうとされています。でもアメリカのナーシングホームの院内感染は、とてもそんなレベルの話ではありません。まさに、感染の蔓延ということなのです。

薬剤師である私にとってはとても気になる服薬管理の問題。実際に、職員のレベルを考えても、しっかりした服薬指導など、望むべくもないでしょう。

また、ICF（中間ケアホーム）では、公費の適用がないといいましたが、実際にはここでも患者の横流しは行われています。現実問題としてベッドが足りなければ、行政としても見て見ぬふりをするしかありません。

働く職員についても、施設的な問題にしても、レベルは下がりつつあります。けれど一方で、シャンデリアがきらめき、個室にユニットバスも完備されているようなエクセレントなナーシングホームも存在しています。完全に自費、保険などあてにしない人たちが入るところ。まったく別な「客層」をターゲットにした、まったく違う企業意識でつくられたものです。つまり、ピンキリなのです。

ニューヨークにあるイザベラのナーシングホームは、おそらく中の上クラスですが、何種類かの施設をもっています。ここは自費が原則。いちおう個室で、ワンベッドルームにケアの部分もふくまれて月決めの数種のランクのあるもの。これは、一カ月日本円で十八万円くらいですが、安いなんて思ってはだめです。アメリカとの物価の違いを思い出してください。さらにランクが下がるほど、食事がいくら、クリーニングがいくらとひとつずつ料金表から選ぶシステムになっています。これも選択の自由なんてきれいごとじゃない。お金が払えなくなればランクを下げ、それでもアウトなら出ていってもらう、ということなんです。どこにスタンダードがあるか、簡単にいうことはできません。

まだ、私がニューヨークに住んでいた頃のこと、ある夜、自分の部屋でくつろぎながら、ジャズのFM放送を聴いていました。曲が終わり、若い男女の会話が流れてきました。聞くとはなしに聞いていると、娘はデートがしたいのに、家族の介護をしなければならないので自由な時間がありません。「それなら簡単だよ」とボーイフレンドが答えます。「イザベラに頼めばOKさ」と。そしてハイテンポなリズムにのって「あなたのどんな悩みも解決します、イザベラ〜」とキャッチフレーズが流れます。落ち着いたジャズの雰囲気にちょっとあわないな、と思いながら妙に「イザベラ〜」という抑揚をつけたフレーズが耳に残ったのを覚えています。今、老人福祉の世界に足を踏み入れて、このコマーシャルはまた違って響いてきます。「あなたのどんな悩みも解決します、お金さえあれば〜」と。

サービスの内容はいつもお金次第、アメリカの場合、規制などないに等しいので、企業がつくれば、それがナーシングホームになるのです。

一九八六年、メディケアの指定施設の認可システムが厳しいものに改定されました。調査官の立ち入り調査が盛り込まれたのです。（裏を返せば、それまで調査は行われずすべてペーパー上で認可されていたということ）調査の項目は防火設備、感染予防、服薬、そして入院患者の一〇パーセントとの面談です。

けれど、いくら規制措置をしても、監視を行っても劣悪なナーシングホームはなくなりません。行政にどれだけの調査官がいるのかはわからないけれど、全米に何百万床とあるのに、とても回りきれないし、第一に劣悪な施設だからといって閉鎖命令は出せないのですから。

ナーシングホームの弊害は、次の二つのことがいえるでしょう。

第一に、極端な営利主義で運営されているということ。これは、コストカットによってますますレベルを下げてしまうゆえんです。

第二に、あまりにも大きな格差です。ナーシングホームの階層化が非常に進行していること。

前述のビバリーエンタープライズ社のセールスポイントは「いかなる階層の患者にもサービスを提供します」です。メディケアの患者がメディケイドに転落しようと（これをスペンドダウンといいます）、すべて面倒をみるということ。企業にとっては、公費ある限り、とりっぱぐれはないわけです。一方で、メイナーケア社という高級志向をねらっている企業もあります。その格差はけた違いです。

こうして、格差を広げながらも、ナーシングホーム産業全体では伸び続けているのです。

メディケイド・ミル

サービス産業という意識の徹底しているナーシングホームの中では、あらゆるものに値段がついています。サービスを買うにはお金がいります。メディケアでの自己負担の多さについてはすでにお話ししたとおり。入院日数が長引けば、財産をしぼりとられ、早晩メディケイドに転落していくのです。

ナーシングホームへの入所費用は、一年間で一人二万ドルといわれています。入院一件あたり三万二千ドルのうちの自己負担二万ドルです。二年以上いる人の三分の二は、総費用が五万ドル以上、これが全入院老人の四分の一を占めるのです。財産を使い果たし、自宅に戻ることもできず、ナーシングホームにいつづけるしか残された道はありません。この人たちは、公的に貧困者と認めてもらってメディケイドの適用を受け、より低級なナーシングホームに移っていくのです。

ナーシングホームに六カ月以上いる老人の大半がメディケイドの適用者といわれ、その三分の二が破産者。今日ナーシングホームは、社会的な問題意識をこめて、「メディケイド・ミル」と呼ばれています。それは、メディケイドの人間をつくってしまう工場のようなものだということ。

メディケイドは貧困者のための医療保険制度ですが、一般の医療に使われた額は一九八五年では二百七十五億ドル、長期ケア（ナーシングホームなど）には百四十七億ドルといいます。またメディケイドの受給者中、ナーシングホームの入院老人は七パーセントなのに、そこにつぎ込まれる費用は四八パーセントを占めている、という報告もあります。

ある統計会社の予測によると、一九八五年に百六十万床だったものが、二〇四〇年には五百二十万床になり、ナーシングホームに入所している八十五歳以上の高齢者は三七パーセントから五六パーセントを占めるようになるだろう、と。それが何を意味するかは恐ろしいくらいです。

平均五百日の在院日数がどこまで延びてしまうのか。早い話、ナーシングホームをひとつつくったら、そこにずっといつづけになって、循環することができない。そこを、五六パーセントの人が占拠してしまうということ、そしてえんえんと保険財源を企業に吸い取られ、国家財政をも大きく蝕んでいくということです。アメリカではこの恐怖が、もはや絵空事ではありません。

つまるところ、公的制度として長期ケアに関与しこれを支えているのはメディケイドしかありません。それは明らかなことなんです。

極論すれば、アメリカの虚弱老人のための福祉制度は、十九世紀的な救貧思想の域を一歩も出ていないのです。日本の措置制度もいやな言葉でしたが、ここにあるのも、「お情け」と「劣等処遇」、老人は「辱め」によって対処されている。受ける側は、プライドを傷つけられ、不名誉を負い、つねに貧困のスティグマ（烙印）を押されることになります。これは、イギリスの救貧法時代となにも変わりありません。

アメリカのナーシングホームは、民活路線をうたいながら、年間二兆円を超える税金をつぎ込み、「営利化した救貧施設」をつくってしまった。これは、老人福祉制度としては最悪の選択ではないでしょうか。片や、ヨーロッパの国々が福祉社会、福祉国家をめざした二十世紀。デンマークがその努力を始めたほぼ同じ時期にスタートしているのに、全然違う方向、百八十度違う路線にいってしまったのが、アメリカなのだ、と。

片や民活をねらい、片や税金でいった、その差が同じ福祉制度でありながら、結果としてまったく違う方向に進めたのです。そして、民活をいいながら、莫大な税金を民間企業の利益のために、福祉の名の下につぎ込まなければならない。アメリカの政策は、けっして成功とは言えないと私は思うのです。

「私をケアしてほしい!」

ジェニファーは、私がまだニューヨークの大学で勉強していた頃に知り合った友人です。私より少し年上で、何かと相談にものってくれるたのもしい人。その彼女が最近問題を抱えています。ジェニファーは中堅銀行に勤めるキャリアガールで、仕事もばりばりできる人で、母親と二人暮らし。お母さんのクリスティーヌは八十五歳です。二人はとても仲のよい親子だったといいます。そのだいじなママが、老人型のアルツハイマー症になり、それが急激に悪化してきたのです。この病気特有の気分のむら、急に怒りだしたり、ふさぎこんでしまったり。部屋から部屋へ歩き回り、やたらと紙をやぶいたり。娘のことがわからず、汚い言葉でののしられ、ジェニファーは深く傷つきます。病気のためとわかっていてもどうしようもない。

彼女を悩ますのはお金の問題もあります。薬代だけでも一カ月五百ドル以上、そのうえ特殊なベッド、リフトなどのレンタル料、おむつや軟膏などの消耗品もかかります。ときに救急車をよんで病院に入院しなければならないこともあり、その救急車代だって馬鹿にはなりません。ビジネスウーマンとしていっぱしのお給料はもらっていても、いまや父親が残した財産をとりくずして費用にあてているありさま。

だから、高額な医療費の問題は、けっして貧しい人だけのことではないんです。

とにかく昼間は母親を家に残し、彼女は仕事にいく。依頼しているヘルパーが一度は見にきてくれます。食事は行政が行っているミールサービスを利用。これだけはアメリカが日本より進んでいることで、食事をお年寄りの家に配達してくれるのです。もちろんそんなごちそうではないけれど。

「ほんとうに助かるわ」。つくづく彼女は言いました。

でも、事態はますます悪くなり、家に帰っても休むこともできず、ろくに眠れない夜も続きます。疲れはてたジェニファーは私の顔をみて叫びました。

「私を助けて、私をケアしてくれる人がほしいの！」

母親を施設に入れる気がしない、とにかく頑張れるだけ頑張ってみるわ、という彼女。何もしてあげられない私自身が歯がゆくもありました。

助長される老人差別主義

アメリカ人が、疾患に対して一般的にもっているイメージは、心臓病です。アメリカ人は心臓病を自分たちの国民病だと思っている。それに対して日本人はどうかというと、脳卒中です。死亡原因ではがんが一番ですが、こと国民病といったら、やっぱり脳卒中。脳卒中で倒れて寝たきりになる、というのが日本人の疾病観のなかでは大きなイメージでしょう。そこには日本人は塩分の多いものを食べ、アメリカ人はコレステロールが高く脂肪の摂取が多いという食生活の違いもあるとは思います。

死にいたる道すじ、終末期のイメージもそれぞれ違います。日本人は、病をえて床につき、家族の看病を受けて看取られながら死ぬ、お迎えがくるというイメージ。これまでのことを感謝し、家族や友人に別れを言って死ぬことを考えます。でもアメリカ人は違う。そういうことを初めから否定しているのです。心臓発作による突然死、一気に死を迎えるというのが、どうやら彼らの理想のようなのです。

ただ最近見た映画「電話で抱きしめて」は、すこしこの社会が変わり始める気配も感じさせてくれました。アメリカからの帰途、飛行機のなかで見たものです。

かつて大監督として映画界に君臨し、まわりからちやほやされて、華やかな人生をおくっていた父親。夜毎パーティーが開かれた豪華な屋敷にいまはひとりぼっち。そのお屋敷もいまは荒れ果てたまま。年をとって足も悪くなり、ベッドを離れることもままならない彼は、痴呆の症状もあって昔の友人も失い孤独のなかで暮らしています。

彼の三人の娘は、有名な雑誌のやり手編集長になっている長女、女優の三女、そして家庭にはいって主婦をしている次女。この次女のかたに父親の介護もなにもかも、かぶさってきて、そこに泣き笑いのドラマが展開します。メグ・ライアンやダイアン・キートンといった人気女優をつかったコメディタッチの映画ですが、見終わって心に残り、日本に帰ってからもレンタルビデオで娘と二人、見てしまいました。中学生の娘も何か感じるところがあったみたいです。

タイトルになっている電話は、孤独なお年寄りのために毎日きまってかかってくるボランティアからのコール、そして携帯電話での娘とのやりとり。行政としての福祉はお寒いばかりのアメリカですが、電話のボランティアはさかんなよう。その「○○さん、今日はどうだった？　なにしてたの？」というたあいのないやりとりを、一日楽しみにして暮らしているお年寄りだっているんです。

緊急対応型の通報ベルもいいけれど、いざというとき救急車がきても、それはある意味でおしまいの問題。人間はそこにいくまで、毎日いきていかなくちゃならない。そのとき、一番怖いのが孤独なんじゃないかと思う。一日一度のコールでも、それは心の栄養、心のＱＯＬを高めてくれると思うんです。

英雄的（?）な心臓死ではなくて、老いと向き合いながら緩やかに迎える死が、これまでのアメリカ映画のように懲罰的ではなくて、当たり前のこととして描かれてきたことに、この国も少しはかわっていくのかしら、とちょっと希望はもったのです。

でも、寝たきりになって、口もきけない病状、たとえば重い脳卒中やその予後、重症の痴呆など、アメリカ人にとっては罰であり、いやな汚いイメージ。逆に心臓発作はきれいないさぎよい死というイメージがあるような気がします。

このイメージに、彼らが固執している裏に、私はメディケイドの暗い影を感じます。

簡単に死ねずに、もし生き残ってしまったら、そこにあるのは絶望的なナーシングホームの日々。一度入ったら自力では這い出せない世界です。この長期ケア施設の老人は、まさに「劣等処遇の典型」です。新聞のショッキングな見出し「人間ゴミ捨て場」「死の館」「死に行く人々のための倉庫」など、ナーシングホームの暗澹たるイメージをどんどん植え付けることによって、国民のエイジズム（老人差別主義）がより加速されていきます。そこには、なんとかメディケイドにならず、自助努力でやってほしいという政府の思惑もあるのでは?

アメリカの社会を貫いているのは、つねに強者の論理。競争社会を勝ち残れる強い者、エグゼクティブにとっては生きやすい社会です。しかし、独立独歩で生きられない人々は弱者として切り捨てられ、社会への参加資格もない敗北者のイメージを与えられます。彼らは、社会のお情けにすがって生きる人間とみなされます。

老いは、たしかに一面では人間が何かを失っていく過程です。でも、一方で、豊かに人生が熟成する時代でもあるはずです。アメリカでは、そのマイナスばかりに囚われて、老いそのものを否定しようとしているように思えてなりません。自分の老いを認めたくないのです。派手な装いをしたり、必死でアクティビィティに取り組んだり、なにか涙ぐましい努力を重ねています。けれど、その姿は不自然で、息苦しくもある。

デンマークでは、老いはごく自然に受けとめられていました。誰もが自然体で、淡々と、しかも楽しそうに老いを生きているようでした。光を愛し、明るい色彩を愛するデンマークの人々。あのデンマークのおばあさんが着ていた赤いカーディガンが幸せのカーディガンだとしたら、アメリカの人が着る赤いカーディガンは、何か、虚勢の鎧のように感じられたのでした。

第三章

いま、介護保険の現場から

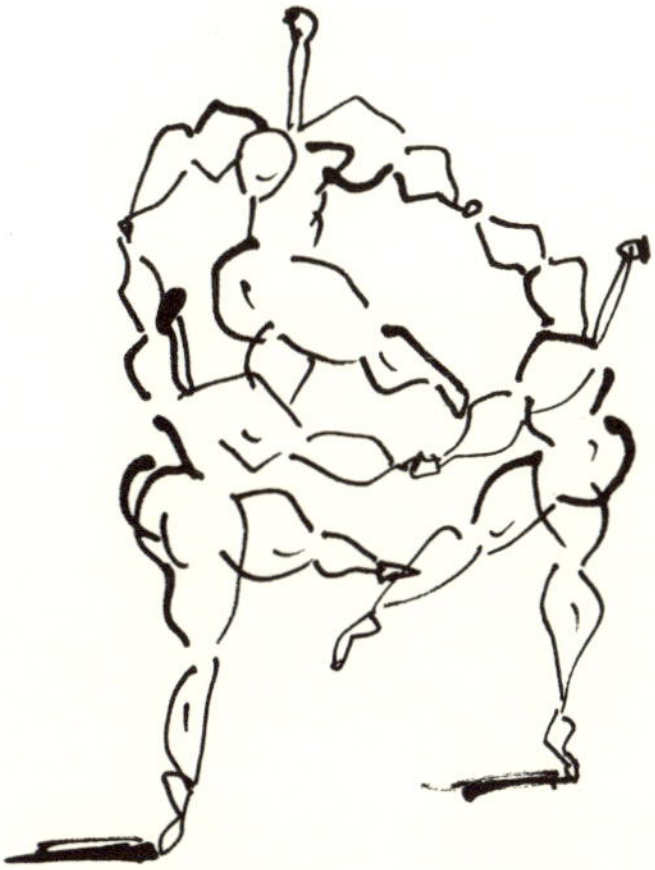

介護保険スタート

その朝、私の心は大きな期待と、それに負けないくらい大きな不安で緊張していました。二〇〇〇年四月一日、介護保険制度の実質的な船出の日。北海道では有珠山の噴火があり、世の中の関心は二十一世紀を担うべく生まれたこの制度よりも、むしろそちらに向いていたような気もします。いずれにしても、何か騒然とした気分が社会をおおっていました。

いつもより少し早めに出社し、自分のオフィスではなく立ち上げて四カ月ほどの介護支援事業所のほうで待機。どんな依頼が入るのか、初日の人の手配はうまくいっているのか、電話が鳴ったら即対応しようと身構えていました。けれど、そんな私の気負いは肩すかしをくったような静かな一日だったのです。

これまで、横浜市の鶴見地区ではすでに五カ所の調剤薬局をオープンさせていた私は、開店初日には必ずと言っていいくらい何か劇的な出来事に遭遇していました。トラブルだったり、感激するような出会いだったり、内容はいろいろなんですが、何かが起こるというのが初日なんです。そんな経験から、この日も何かあるんじゃないかと思いこんでしまっていたんですね。

問い合わせの連絡は薬局のほうに入っていました。患者さん（福祉の世界ではクライアント）にとっては、介護支援事業所なんていう何をしているのかよくわからないところより、馴染みのかかりつけ薬局のほうが気安いのは当然ですよね。薬局では「介護福祉についてのご相談を承ります」というご案内だけは掲示していて、みなさん口コミのような形で相談に見えられ、そこから事業所のほうに連絡がいくというわけです。それにしても当日はさしたる動きもなく、無事（？）に終わりました。


実は、スタート直前までがてんてこまいだったんです。この時期は、新しい制度そのものの認知度もまだ低かったのか、新規に介護サービスを受けようとする方より、すでにサービスを何らか受けていらっしゃる方が新制度に移行するケースのほうがずっと多かったんです。区役所から、とにかく介護保険へ移し替えるための書類をつくってくれと、土壇場まで依頼がありました。ケアマネジャーたちは大忙し。前からサービスを受けていたのなら、事情もよくわかっているはずで、何でそんなに遅くなったの？　とみなさん思われますよね。それについての原因を、自治体関係者の話として、二〇〇〇年三月二十八日の読売新聞はこう伝えています。

「まず第一に、自治体関係者が挙げるのが、国の対応の遅れだ。介護報酬単価の確定が二月初旬と遅れたうえ、訪問介護に身体介護と家事援助を折衷した『複合型』を新たに設けたため、本格的なケアプラン作りは同月中旬以降にずれこんだ。ケアプラン作成に書かせないパソコンの習熟度がネックとなるケースも多い。福祉・介護にあまり縁のない職種に受験資格を広げたため、現場に通じたケアマネジャーも少なかった。」

この記事はたいへん興味深くて、その後の介護保険を考えていくためのポイントのいくつかが出されています。ひとつは報酬単価、もうひとつはコンピュータ処理、そして受験資格です。ほかにもいくつかのテーマがあって、これから第三章では、介護保険を中心に、日本の高齢者福祉の現在と未来について考えていきたいと思います。もちろん医療に関する問題も視野に入れながら。その前に、少し時計の針を戻してみましょう。

一九九九年十二月一日、イムノ介護支援事業所が産声をあげました。翌年四月の介護保険制度の実施まで四カ月、日本各地でも多くの問題を抱えたまま、手探りといった状態で、それでもお年寄りの要介護認定作業が始められていました。肝心の介護報酬の額もまだ決まっておらず、これはサービスの提供者にとっては事業運営の基本にかかわる問題、利用者にとっては自己負担額（一割）というやはりお財布に直結する重要な問題です。この「お金」にかかわる問題はあとあとまで尾を引いてくるわけですが、それについてはもう少し後で詳しく触れることにして、とにかく制度を動かしながら考えていくしかない、というのが行政サイドの姿勢でした。

国民皆保険の達成（一九六一年）からほぼ四十年、もうひとつの「保険」として大きな制度改革でもある介護保険制度はいわば見切り発車的にスタートし、国民のなかの戸惑いは今も続いているように思います。この戸惑いは、サービスの提供者サイドにもいえることでしょう。

横浜での申請登録第一号、生まれたばかりのイムノ介護支援事業所も、そんな「嵐の海」への船出でした。

「薬局を経営している谷口さんが、どうして福祉の仕事を始められたのですか」とよくたずねられます。地域の「かかりつけ薬局」をめざしてずっとやってきた私にとっては、医療から福祉へというのはとても自然な流れでした。利用してくださる方の薬歴、これは病歴でもありますが、健康の問題と同時に家族構成など大切な情報をお預かりして、ある意味で家族ぐるみ「かかりつけ」の信頼をいただいている私たちが、顧客の現在、そして将来を考えたとき、医療の延長としての福祉は素直にむすびついてきます。医療と福祉はけっして別々の関係ではなく、ひとりの人間、ひとつの家族にとって連続したニーズなんです。

医療と福祉の橋渡しをめざして

ここで少し、私自身のことについてお話しさせてください。

私は大学では薬学を学び、薬剤師の資格を取りました。これは、「二十一世紀を生きる女性として、手に職をもって自立するように」という父の言葉に、娘としての私が応えたものでもありました。卒業当初は企業の研究所で医薬品の研究開発に携わっていたのですが、じかに患者さんと接することで薬剤師としてのライセンスをもっと生かしたい、町に出たい、という思いがつのりました。海外ではすでに当たり前だった医薬分業のシステムが、ようやく日本でも導入された時期です。そこに可能性を感じ、自分の仕事のあり方、生き方を模索した結果でした。研究所を辞め、しばらく翻訳などの仕事をしたあと横浜の鶴見区にあった調剤薬局に勤務し、直接患者さんと接していくうちに「私なりの薬局像」がだんだんつかめていったように思います。それが「地域のかかりつけ薬局」です。勤め始めて二年ほどがたっていました。

「医療を通して多角的な形で地域に役立つこと」を理念に一九八九年、イムノエイト株式会社を起こしました。めざしたのは、いま流行りのドラッグストアではなく、医療という芯をしっかりすえた専門の調剤薬局です。もちろん、医業といえどもサービス業が基本。利用者の方の立場に立ったサービスを提供していかなければなりません。たとえばファックスでの処方箋の受け付けを行っていますが、勤務先の近くなど遠方の医療機関にかかっている方が自宅のある鶴見の私たちの薬局に処方箋を事前に送ってくだされば、帰りがけに薬が受け取れます。利用者の方は待つことはありません。これは一例ですが、患者さんの立場に立った便利さにはこだわっています。

現実に会社を始めてみて、経営の困難さにも直面しました。生鮮品ではありませんが薬にも有効期限があります。多数の医薬品を常備・管理し、在庫のバランスをとっていくことは大変です。在庫を抱えすぎれば期限切れを起こしてしまう危険があり、在庫が足りなければ利用者のニーズにこたえられません。でも、創業の初心を貫いて内科ばかりでなく、耳鼻咽喉科、眼科となるべく多くの診療科の処方箋を受け付け、扱い薬品の種類は増えてしまいますが利用者の方のニーズにそうことを一番に考えています。大げさかも知れませんが、それがかかりつけ薬局の使命、存在意義だと思うからです。

「医療従業者として、顧客の医療、福祉、保険にわたるサービスを医療の担い手として実直に提供する」。これがイムノエイトの企業理念です。顧客がもっている多様なニーズにこたえるため、より多角的な事業に取り組みたいと、私自身アメリカ・ニューヨークに渡ってホスピタル・マネジメントを専門に学びました。一九九三年から九五年までの三年間です。すでにアメリカの章で少し触れた現地法人イムノ・コーポレーションＵＳＡを設立したのは、このニューヨーク在住中のことです。帰国後、アメリカで学んだ最新の病院経営学を生かして、医薬分業の相談を主として診療所の開設にかかわるすべての相談業務など、医療経営コンサルタントの仕事も新たに加わりました。現在ではイムノエイトの事業のひとつの柱になっています。

地道ですが、こうして利用者の方の信頼をえていったとき、介護保険という新しい制度が日本でスタートすることになったのです。医療の分野での専門家としての私たちが医療と福祉の橋渡しのようなひとつの役割を担うことができるのではないか、かかりつけ薬局として、鶴見地区の人口二十五万人のうち九万八千人の方のカルテ（薬歴）をお預かりし、実績を積んできたイムノエイトならではの事業の展開があるはず、そんな思いに駆られて、スタッフの皆に提案しました。

介護保険の状況はまだまだ混沌としていて、実際どう進んでいくのか見えていたわけではありません。現在でも正直、先行きははっきりわかりません。でも、少子・高齢化、核家族化は止めようのない現実。お年寄りを社会が支えていく何らかのシステムはどうしても必要です。制度としてもまだまだ発展途上、そもそも介護保険制度をスタートさせる前提条件からして問題あり、と私は考えています。とにかく無い物ねだりをしているときではない、まず飛び込んでできることから始めよう、と思ったのです。スタッフのなかにも危惧の声はありました。そこは創業者として、企業理念を貫きたいと、理解を求め、実は押し切って介護支援事業所の開設に踏み切りました。

そこで、具体的に活動開始。介護支援事業所として指定を受けるためには、厚生省（現在の厚生労働省）が定めた人員基準・運営基準という条件をクリアしなければなりません。私が始めようとした仕事は「居宅介護支援」というサービス分野です。お年寄りの要介護度をアセスメントし、その方にあったケアプランを作成する仕事。

まず、設置主体は法人格が必要です。これは株式会社であるイムノエイトはクリア。人員基準は「厚生省令で定める員数の介護支援専門員を配置」すること。介護支援専門員とはケアマネジャーのことです。介護保険制度をスタートさせるために新たに設けられた国家資格です。じゃあまず、私自身がこの資格を取ろう。

枕にできそうなくらい分厚い受験用のテキストに取り組んで、フル回転の毎日が始まりました。

ケアマネジャーに挑戦

そもそも、このケアマネジャーとはどのようなものか、誰がどのように資格を取るものか、というところからお話ししていきましょう。先に出ているポイントのひとつ、「受験資格」とも結びついてきます。

ここにある統計があります。第一回目のケアマネジャー（介護支援専門員）の国家試験の結果です。

受験者数は二十万七千人余り、うち合格者が九万一二六九人、合格率は四四・一パーセント。どんな職種の人たちでしょう。まず医師、歯科医師、薬剤師、ここに私も入ります。保健婦（士）、助産婦、看護婦・准看護婦（ともに士も）、理学療法士、作業療法士、社会福祉士、介護福祉士、視能訓練士、義肢装具士、歯科衛生士、あん摩マッサージ指圧師・はり師・きゅう師、柔道整復師、栄養士（管理栄養士も）、相談援助業務従事者・介護等業務従事者と並びます。

みなさん、どのような印象ですか。医療関係、福祉関係に大別できると思いますが、歯科衛生士や、あん摩さんとか柔道の整復師というのはどうしてなんだろう、とちょっとひっかかりませんか。新聞で指摘されていた「福祉・介護にあまり縁のない職種」というのはこのあたりかも知れませんね。

最も合格者が多いのは看護関係で三三・五パーセント、ついで介護福祉士で一一・二パーセント。これはどちらも看護・介護のエキスパートで納得ですよね。続くのが相談援助云々という職種ですが、この介護等業務従事者はすでにあった家政婦協会系の方が主流を占めています。さらに一割を越すのが助産婦さんです。医師は一割弱、それに続くのが薬剤師の九・二パーセントです。歯科医師は二パーセント弱と少ないですが、ほとんどの方は訪問歯科診療など、福祉分野ともかかわりながら活動されている方のようです。社会福祉士は福祉の分野では最も専門家といえるような国家資格ですが、二・九パーセント。これはこの資格をもっている人自体がまだまだ少ないということとも関係しているでしょう。

もうひとつつけ加えたいのは、それぞれが専門の資格取得者ですが、それだけでは受験できないということ。五年以上の臨床経験を有する者という条件がつきます。マネジメントをする仕事ですから、現場での経験が重視されるのでしょう。

すでにお話ししたように、ケアマネジャー（介護支援専門員）という資格は、介護保険のために新たにつくられた国家資格です。ではなぜケアマネジャーが必要なのでしょうか。それは、介護保険制度そのものが「利用者本位」の姿勢を基本的な理念として掲げているからです。制度の内容については順をおって説明していきたいと思いますが、ずばりいってかなり複雑なんです。利用者本位とは、これまでの措置制度時代には役所が決めていたものを、利用者の側が選べるということ。そして、利用者の立場に立ってサービスが提供されるということです。あくまでこれは目標という建て前で、現実問題のお話はまたあとですることにして、とにかくサービスを選べるということは裏を返せば自分たちで選ばなければならない、ということなんです。

用意されたサービスのメニューはたくさんありますし、みなさんも耳にされているでしょうが、「要介護度」というランク付けで枠もはめられます。サービスの提供者もいろいろなものがあります。そのなかで本人のニーズとサービスをうまくマッチングさせるのには、かなり高度な技が必要になってくるというわけ。そこで、ケアマネジャーの登場になります。日本語で介護支援「専門員」と呼ぶように、専門家がご本人の希望をききながら、サービスメニューや提供者を調整し、よりよい介護を受けられるように、ケアプラン（介護サービス計画）を立てるのです。もちろんご家族の方が立ててもいいんですが、内容が複雑、煩雑なのでどうしても専門的な知識がほしいですし、さまざまなネットワークも必要になってくるということです。

地域のかかりつけ薬局として医療と福祉を結ぶ仕事を志した私は、このケアマネジャーの第一回の試験に挑戦すべく、忙しい仕事のかたわら何とか時間をみつけては、テキストに取り組みました。ずしりと重い大判の本をいつも持ち歩いて。まずは無事、資格を取得。続けて第二回にも薬局スタッフたちが受験し、事業所開設までには人員体制も整えられたのです。

ケアマネジャーの仕事って何?

みなさんにケアマネジャーの仕事やケアプランについて知っていただくために、私が実務研修をしたときのケースを例にお話ししていきましょう。

まず、対象となる方の状況を知ることが基本になります。それも生活歴、身体や精神的な状態、生活の状況にまで及びます。私が担当したAさんは、七十五歳の男性で横浜市在住。二十五年前に離婚され、男手で二人の子どもを育て上げ、現在は長女とその二人の子ども(Aさんにとっては孫)と四人暮らし。離婚している長女がいまAさん一家の生計を担っています。長男は都内に在住。これがおおよその生活歴です。

身体状況としては、一年ほど前から指、手、肘、腕と順々にしびれていき、現在は両肩以下が麻痺してしまっている状態です。Aさんは現役時代、会社でも重要なポストに就いていた方で、プライドも高く、清潔好き、またおしゃれな方でもあったので、現在の状況はご本人にとっては大変なストレス。手が使えないために好きだった手紙を書くこともできず、他者とのコミュニケーションの手段も失い、難しい病気でなかなか診断や治療方針が決まらない苛立ちともあいまって、日に日にストレスが高まっている、という精神状態です。

生活状況はどうかというと、足の麻痺はないので散歩などは可能なんですが、最近は不安を訴えて自宅に閉じこもりがち。娘さんは仕事のため日中は留守にされ、お父さんのAさんの世話ができるのは出勤の前後だけ、でも一家の支え手なんですからそれも仕方ありません。両手の不自由なAさんは食事を家族の介助でとっているので、昼食は抜かざるをえないというのが現状です。

ここまでが、ベースとなる対象者の状態の把握。それをふまえてプラン作成に進んでいくわけですが、まずはもちろんご本人や家族の方の希望をうかがいます。このケースでは、全身麻痺にならない限り家族と共に暮らしたい、三度の食事を規則正しく食べたい、というのがAさんの希望。仕事を辞めるわけにはいかないという娘さんは、Aさんの昼食の世話を援助してほしいということと、できれば休日の土曜日に自分の時間も持ちたい、ただし父親の施設入所は考えていない、と話してくれました。

医療関係の情報も、対象がお年寄りなだけに重要です。私は薬剤師ということもあって、とくに薬の部分には気を配りました。そして、その他計画作成にあたって考慮すべき事項として、私は次のことをレポートに記しました。「最も留意する点としては、本人が非常に精神的に不安感を持ち、食事も不規則、また食欲不振となっており、体力的にも衰えてきつつある点である。信頼できる介助者、又は家族の計画的な介護により、精神的、肉体的にもダメージを増幅させない予防策が必要と判断する」。ケアというとつい身体介護の面ばかりがイメージされてしまいますが、精神的な問題（これは身体的な問題にも直結しますが）への目配りはとても大切なこと。さらに予防的な視点についても強調しておきたいと思います。

実際の介護サービスの計画では、解決すべき課題を設定し、援助の目標を立てます。ここでも長期目標と短期のものと重層的な視点が求められます。その目標の達成のために、介護の内容やサービスの種類が決められていくわけです。

Aさんの場合の課題（ニーズ）は、まず食事が自分ではとれないこと、着衣・排泄など身の回りのことが不自由なこと、手紙や電話などコミュニケーションが難しいこと、同伴なしでの外出・買い物ができないこと、がありました。それに対する長期目標としては、リハビリによる回復を期待すると同時に、麻痺が全身に及ばないよう診断・治療方針を固めること。短期目標は、定刻の食事援助による一日三回の規則正しい食生活、信頼できる介助による代筆、電話の取り次ぎで他者とのコミュニケーションを可能にすること、金銭を任せられる介助者との同伴での外出、があげられます。そして食事介助に対しては巡回ヘルパー、手紙や電話の取り次ぎは家族、外出介助はホームヘルパー、リハビリにはデイケアと、具体的なサービス内容が決まっていきます。

またAさんの病気への不安には、定期受診や検査、服薬内容への丁寧な説明が欠かせません。これを短期目標に設定し、ヘルパーが付き添っての受診、その際の保健婦による受診介助を設定しました。Aさんが抱く孤立感に対しては、そのストレス増幅の予防を長期の、他者との交流の機会をつくり、同じような悩みを持つ人とのコミュニケーションを持つことを短期目標にしました。ここではケースワーカーや保健婦を交えてのデイケアが主舞台になるでしょう。

できあがったケアプランは、月曜から金曜まで週五日の巡回ヘルパーによる昼食介助。火・木のホームヘルパーによる同伴受診、同伴外出。水・金午後の巡回ヘルパーによる排泄介助。月曜午前と土曜日中のデイケア。一家を支える娘さんにも、しばし自分の時間ができました。案外シンプルなものに見えるかも知れませんが、これだけのプロセスを踏んでプランはつくられるものなんです。現実の場面では、ヘルパー、デイケアともサービスの提供者はいろいろあり、ご本人との相性までふくめて、プランの調整も必要になってきます。人間と人間のかかわりが介護（ケア）の根本ですから、キーボードを叩いて、ただ人の配置をするということではないのです。

そして、このケアプラン作成の大前提として行われるのが「在宅ケア・アセスメント」。対象者（先ほどの例ではAさん）の状況をきちんと把握し、ニーズを探っていくためには欠かせないプロセスです。細かなチェック項目にそって進めるもので、これもたいへんな作業なんですよ。実際に利用者ご本人にお会いしてお話を聞いたり、ご家族にも面接します。持病がある場合などは主治医の話も聞きます。そのほかケースによってはヘルパーや訪問看護婦、保健婦、ソーシャルワーカーなどから情報を得ることもあります。そして、会ったその日一日ではなく基本的に過去一週間の状態、項目により二週間からさらにそれ以上の長期間の様子を聞き取るのです。

調査項目にはこんなものがあります。記憶、コミュニケーション、聴覚、視覚、気分と行動、社会的支援と機能、ＩＡＤＬとＡＤＬ（これは日常動作の自立度）、排泄、疾患、健康状態および予防、栄養状態、歯および口腔状態、皮膚の状態、薬剤、治療方針の順守、さらに過去九十日間における全体状況、環境評価。ずらっとこれだけの項目が並ぶんです。また各項目の中はより細かな内容に分かれます。

たとえば「気分と行動」は、まずうつ状態、不安、悲しみの気分の兆候を見ます。これは過去三十日間が対象。自分は役に立たない、死んだ方がましなどの悲しみやうつ状態、自分や他者に対しての継続的な怒りがあるか、たびたび心配事を訴えるか、何度も泣いたり涙もろい、それまで興味を持っていた活動をしなくなる、などの具体的な点からチェックします。行動面では、問題行動という視点から過去七日間が対象。徘徊、暴言、暴行、社会的に不適当な行動、ケアに対する抵抗といった内容です。そして過去三十日間をさかのぼって問題行動が悪化してきているかもチェック。この項目はお年寄りの精神的な状況を把握するためのものといえますが、老人性の痴呆、うつなどの兆候を探ることにもなります。

「ＩＡＤＬとＡＤＬ」という日常動作の自立の度合いを見、どの程度の援助が必要かを判断する項目では、事細かに見ていきます。たとえば食事の用意、掃除や洗濯などの家事一般、金銭や薬の管理、電話の利用、買い物や乗り物など交通手段の利用。また移動に杖や車椅子などを使うか、階段の昇り降り、ベッドから起きあがれるか、寝返りがうてるかなど、衣服の着脱、自分で食事ができるか、トイレの使用、歯磨き洗顔などや入浴ができるか、などなど。

そのほか、環境評価ではまず居住環境を丹念にチェックし、さらに家計や経済状況についても目配りしていきます。

どうですか、かなり細かい調査項目になっていることがおわかりいただけたでしょうか。でも、介護（ケア）というのは、その方の日常生活のすべてにかかわってくるのですから、多面的に総合的に見ていくのは当然といえば当然ですよね。Aさんのケースでも、在宅ケア・アセスメントを行うことで、初めてケアマネジャー（ここでは私）は家族全体の状況をふくめて対象者を把握することができるのです。

ケアマネジャーの仕事にもっと興味がおありの方は、いろいろこの分野の本も出ているのでそちらを参考にしていただくことにして、ここではケアマネジャーは、対象となる人をきちんと観察し、お話をうかがって要望をつかみ、さらにご本人やご家族も気付いていないニーズにまで思いをいたし、それを把握する能力が要求される、ということを知ってください。だからこそ、対人的な臨床経験が五年以上求められているのです。そしていろいろなサービスを有効に結びつけて、利用者のためのよりよいケアプランを立てていくわけです。

もう一つ、みなさんにあまり知られていない点をお話ししておきましょう。じつは、ケアマネジャーが使うアセスメントの方式、プランの立て方にはいくつかの種類があるのです。ちょっと専門的ですが、おもしろい話なので聞いてください。

いま日本で使われている方式は、日本介護福祉会方式、日本訪問看護振興財団方式、日本社会福祉士会方式、三団体ケアプラン策定研究会方式、MDS-HC方式の五つがあります。三団体云々というのは全国老人保健施設協会・全国老人福祉施設協議会・介護療養型医療施設連絡協議会の三つ、つまり施設中心の団体です。またMDS-HC方式は世界共通のアセスメントの方式です。

ではなぜ、こんなにいろいろのやり方があるのかといったら、すでにあげたケアマネジャー合格者の職種を思い出してください。それぞれの職種が所属する団体や学会が、てんでに自分たちのやり方を作ったということ。よくいったらとても研究熱心ということなんですが、それぞれの縄張り意識の表れには違いないし、結果はどうかといえば、アセスメントから始まり、ケアプランの中で組み合わせていくサービスも自分たちのネットワークの中で調達することになりがちだ、ということなんです。

もちろん、たとえば訪問看護を母体とするところ（つまり看護系）は、医療分野に明るいし、施設ケアを母体とするところだったらそちらのサービスには強い、という利点はあります。要はケアマネジャーを選ぶ側が、そのメリット、デメリットも承知で選択するということ。

でもみなさん、同じようにケアプランを依頼しても、こんなに違うやり方があって、そのケアマネジャーの属する領域によっておのずと結果も違ってくるなんて、知らなかったんじゃないですか。いかにも日本的な世界ですけれど、少なくとも、そういう違いもあるということを意識しておくのはいいことなんじゃないかな、と思います。

ちなみに、私たちが所属する薬剤師の学会では幸か不幸かオリジナルの方式を作っていませんし、私としては世界共通の方式ということでＭＤＳ-ＨＣを採用しました。

さきにケアマネジャーのお話をしたので、前後してしまった感もありますが、介護保険制度そのものについても触れておきたいと思います。ずいぶん新聞やテレビなどでも報道されてきて、みなさんそれなりにはご存じでしょうから、復習の気持ちで読んでみてください。

介護保険制度早分かり

・制度が生まれた背景は？

介護保険制度がつくられた背景として第一にあげられるのは、人口の高齢化の問題。それは一面では、世界一の平均寿命を誇る日本の長寿と、もう一面の少子化という、二つの側面をもっています。

簡単に説明していきましょう。戦後まもなくの一九四七年には男性五十・〇六歳、女性五十三・九六歳だった平均寿命が、五十年後には全体でほぼ八十歳の水準に達し、人生五十年だった日本人が人生八十年時代に突入しました。高齢化は、人口に占める高齢者の率が増えることですが、それはより年をとった方が増えていくことでもありました。

年をとればとるほど、健康や身体に障害が出てくるのは当たり前のことです。痴呆や寝たきりなどのとくに介護が必要なお年寄りは、六十五歳から六十九歳ならわずか一・五パーセント程度です。実際六十歳代の方なんてお年寄りと呼ぶのもはばかられますよね。

それが後期高齢者と呼ばれる七十五歳以上になると、要介護の方の割合は徐々に上昇してきて、八十歳から八十四歳では一割強の一一・五パーセント、八十五歳以上では倍の二四パーセントに上ります。つまり四人に一人が介護の必要なお年寄りという状況が考えられます。寝たきりなどになった場合の介護期間の長期化、重度化も起こってきます。そのほか、身体介護などはとりあえず要しなくても、なんらかの生活面での支援が必要な方（虚弱老人）も当然増えてくるわけです。

国の推計によると、介護保険制度がスタートした二〇〇〇年では、これらの要介護のお年寄りは二百八十万人と見込まれていて、四半世紀後の二〇二五年には倍近い五百二十万人になると見られています。そこで、介護の問題は国民誰もの身にもかぶさってくる問題だ、ということになりました。

関連して見逃せないポイントが「老老介護」の問題。何かといったら、お年寄りを介護している人もお年寄り、ということです。年をとった伴侶であったり、子どもの世代だって親が八十代、九十代だったら六十代、七十代になっていたっておかしくないわけで、厚生省の統計でも介護にあたっている人の五〇パーセント以上が六十歳以上の高齢者といわれています。これは自分自身に身を置き換えて考えたら、たいへんなことですよね。それでも現実なんです。

もう一面の少子化を見ていきましょう。社会全体で見たら、よく言われる「老人一人を何人の現役世代で支えるのか」ということがすぐ頭に浮かびます。これは介護の問題だけでなく社会保障全体にもかかわってくること。一方、身近な視点で見れば、核家族化ともからまって、かつての大家族だったらみんなで分担して支えることのできたお年寄りの介護が、いまは少ない子どもの肩に全部かかってきているということ。その少ない子どもも同居していなかったり、また多くは親元を離れて都会で生活していたり。高齢者の四割あまりの人々が単独か夫婦のみ世帯といわれています。年をとったご夫婦はお互いどうしで面倒をみたり、三世代同居の場合でも面倒をみられる家族の数は少なく、たいていは「長男の嫁」がその役を一手に引き受けることになる。そのお嫁さんも年をとっているわけです。

親元を離れて暮らす子どもたちはどうするのでしょう。老親の介護のためにやむなく仕事を辞め単身故郷にもどるケース、週末ごとに通うケース、お嫁さんが通うケースといろいろでしょうが、介護休暇制度などつくられはしても、デンマークのようなきちんとした所得保障もないのですから、基本的には個人の負担になっていくわけです。

そして、これまで有形無形、家族を支えてきた地域社会、コミュニティのあり方も変化し、ある意味地域社会は崩壊したともいわれています。人々は血縁にも頼れず、地縁からも見捨てられてしまった。

閉ざされた家族の中で、ぎりぎり追いつめられて介護を担ってきた人になにが起こっているのか。虐待です。お年寄りを罵ってしまう、食事を満足に与えない、汚れたおむつをしたままにしておく、直接暴力をふるう。究極にあるのが殺人です。介護疲れから夫や妻を殺す、親を殺してしまう、無理心中をはかる。最近子どもに対する虐待の報道が多く人々の心を痛めていますが、じつにそれに負けないくらい、いえそれ以上といっていいくらいお年寄りへの虐待が起こっていました。「要介護者に対し憎しみを感じたことがある」と回答した人が約三分の一を占め、「虐待をしたことがある」との答えが半数に上ったと報告した連合による調査結果もあります。介護の重圧のなかで、逃げ場もなく、追い込まれていく人々は、身体を壊してしまうだけではなく、精神を、心までも壊してしまう、という悲惨な現実。

一人ひとりの人生にとっても、介護の問題は暗い影を落としています。総理府の調査でも、国民の高齢期に関する意識として、老後の生活の不安のトップに「自分や配偶者の身体が虚弱になり病気がちになること」「自分や配偶者が寝たきりや痴呆性老人になり介護が必要になったときのこと」がともに約半分の人からあげられています。アメリカ人のお金の不安とは違いますが、デンマークの人たちのように、老いを自然なこととして受け入れる心境とはまったくかけ離れています。痴呆、寝たきりの恐怖、それが残念ながらいまの日本人の老いのイメージ。それが介護保険制度で変わっていくのか、ここも注目したい点です。

いずれにしても、もうお年寄りの介護を家族や個人では支えきれない、社会全体で支える仕組みをつくらなければ、という切実な叫びがこの制度の背景になっています。

・制度のねらいは何?

ここにも、二面性、つまり本音と建て前があります。まずは、厚生省が掲げた四つのねらいを紹介しましょう。

第一に、老後の最大の不安要因である介護を社会全体で支える仕組みを創設すること。第二は、社会保険方式により給付と負担の関係を明確にし、国民の理解を得られやすい仕組みを創設すること。第三、利用者の選択により、多様な主体から保健医療サービス・福祉サービスを総合的に受けられる仕組みを創設すること。第四に、介護を医療保険から切り離し、社会的入院解消の条件整備を図ること。

すばらしい〝ねらい〟なのですが、最大の本音はと言えば、とにかく何がなんでも老人医療費を抑制したいということだと思います。そして、そこにかかわるキーワードのひとつが「社会的入院」です。

みなさん、この「社会的入院」という言葉をきいたことはありますか。わかりやすくいったら、とくに医学的な治療は必要ではない高齢者が、長期間一般の病院に入院しているような状態をさします。原因としたら、まず家庭でお年寄りの面倒をみきれなくなったこと、これは住宅の問題もあるし、人手の問題もあります。じゃあ、老人ホームなどのなにか施設に入ればといっても十分な施設の数はなく、何年待ちという状態。そして、もう一点、経済的な原因もあげられています。

日本ではこれまで、老人福祉の領域では「応能負担」といって、本人や扶養義務者の所得つまり払える能力におうじて負担してもらう、という方法がとられていました。一方、医療の分野では応益負担といって、受けたサービス（受益）に合わせて負担額が決まっていきます。けれど、老人医療制度では、お年寄りが安心して医療にかかれるように支払いの限度額を設けるなどの対応がとられてきました（こんどの医療制度改革のなかでだいぶ変わって来そうですけど）。つまり、中堅所得者（もちろん高所得者も）にとって、老人福祉は割高で、むしろ病院に入院したほうが安上がりという側面があったんです。それに、老人ホームはずっと暗いイメージがつきまとっていて、家族がいながらなんでホームになんか入れるの、という回りの目もありましたよね。「おじいちゃんは、今ちょっと入院していて」と言ったほうが、世間のとおりがよかったということもあると思うんです。

そうした結果の社会的入院は、社会全体にとっては高コスト。一人一カ月当たりにかかる全体の費用で比較すると、一般病院が五十万円程度なのに対し、特別養護老人ホームは二十七・一万円といいます。中間施設とも呼ばれる療養型病床群、老人保健施設が、それぞれ四十万円強、三十三万円です。一方、一人当たりの居室面積で比べると一般病院が四・三平米で、徐々に増えて特別養護老人ホームでは十平米強になっています。

医療ではなく介護の必要なお年寄りにとって、生活施設としては狭くて入浴などの設備も不十分な病院などよりホームのほうがずっと快適なんだから、お年寄り本人の希望というより家族の都合で入れられているような「社会的入院」の状態は早急に解消すべき、という厚生省の言い分も確かにもっとも。でも、介護保険制度ができても、受け皿としての特別養護老人ホームも、中間施設もまだまだ全然足りないなかで、病院を出されたお年寄りはどこへ帰っていくのでしょう。

デンマークが施設型から、自宅やケア付きの住宅などいわゆる在宅型に高齢者福祉をシフトさせたとき、デンマークにはすでに十分な数の施設、ベッドが確保されていたことを思い出してください。中間的な施設も住宅としてのバリエーションもいろいろ備えて、初めて在宅ケアを中心にすえることができたのでした。

一方でそのための手当を十分にしないまま、介護保険制度をスタートさせてしまった厚生省のねらいは、とにかく医療費の抑制にあるのだ、と考えざるをえないのです。

二番目の、社会保険方式で国民の理解を得やすく、という点。ここにも、状況の推移に応じ、将来の値上げもやむなしの意図が感じられます。

第三のねらいのなかで、まず最初に書かれた「利用者の選択」というのも、いまのところ絵に描いた餅の状態。これまでの「措置方式」の役所主導から、利用者の側が希望をいえるのは確かによくなった点です。それぞれの方が保険料を払っているので、権利意識も出てきました。でも、ここにも問題あり。肝心の選択肢があるのかないのかということです。

続いて「多様な主体」とうたわれていますが、これは従来のお役所仕事の非効率性や画一性を反省（?）して、福祉法人など特定の団体に限られていた福祉サービスの提供者を、広く門戸を開けて民間企業や非営利組織などの参入をうながし、競争原理を働かせることで効率化をはかり、サービスの向上をねらうものだといいます。

実際はどうでしょう。高齢化率は高いけれど、山間の集落で点々と家があるようなところや離島などに、民間企業が出ていくでしょうか。市民参加型の民間非営利組織といっても、残念ながら日本ではまだ発展途上、サービスの提供主体として一翼を担えるようになるのは、もっと先のことでしょう。

都市部に暮らしているからといって、状況は楽観できません。全国展開した介護保険サービスの会社が、実績が伸び悩み大量のヘルパーなどの雇用者を解雇したのは、みなさんの記憶にも新しいところ。ひと頃たくさんテレビに流れたＣＭも最近では、とんと見かけません。私の周辺でも介護支援事業者もかなりつぶれていますし、訪問介護を提供するヘルパーの派遣業者もつぶれています。デイケアやショートステイの需要も多いのですが圧倒的に数が足りない。

研修を受けてやっとヘルパーになった人たちも仕事を続けていかれない、という一方でヘルパー不足が深刻だという。これは介護報酬の問題とかかわるので後回しにしますが、とにかく現状は、利用者本位といいながらその方のニーズに合わせてケアプランを立てることなどまず不可能で、ヘルパーが手配できる時間、デイケアの空きのある日に合わせてつくっているのです。これでは絵に描いた餅というのもうなずけるでしょう。

ねらいの裏側を見ていきながら、抱える問題もあぶり出されてきました。ここで、制度そのものの仕組みにも、触れていきましょう。

・介護保険の仕組みは?

みなさん、介護保険の具体的内容はご存じですか。知っているようで案外知られていなかったり。スタート直後の二〇〇〇年四月二日の読売新聞が、街行く人二十人に尋ねた結果を載せています。質問項目は、「1保険料は何歳から支払うか」「2サービス利用料のうち、本人負担額は何割か」「3介護保険で利用できるサービスは何か」の三つ。どうです、答えられましたか。

かなり基礎的な設問ですが、この記事ではわからないと答えた人がずいぶん多いのです。とくに若い人ほど実感もわかない様子。開始一年半の現時点でも、自分たちには直接関係ないからと、若者の実態はあまり変わっていないのかも知れません。

ところで、正解は1が原則として四十歳から。街角では六十五歳、健康保険と同じ二十歳と答えた人も。2は原則一割負担。半数の人がわからない、なかには五割との答えも出たり。3に対しては、食事や入浴介助のようなホームヘルプサービスと答えた人が多くて、特別養護老人ホームなどの施設サービスをあげた人がいない点から、全体像の理解度が十分でないと記されています。でも、私はむしろ政府の思惑どおり在宅支援のための介護保険という宣伝が行き渡り、施設ケアの不足がカモフラージュされているようにも思えました。

ごく単純にいえば、介護保険制度は従来老人福祉と老人医療の二つの領域にまたがっていた老人介護を、一つの制度に再編成したもの。医療と福祉の縦割りの弊害を解消し「総合的」なサービスの提供が可能というのが、厚生省の言い分。これも、ねらいの本音のところでいったように、割高な医療から介護を福祉に付け替え、将来の増加も見越して保険方式を採用した、ということです。

保険者は市町村。それを国や都道府県がバックアップする重層的体制といっています。最も身近な基礎自治体が担当することで、地域の実情にそったきめの細かい対応も可能ということ。そうはいっても日本では自治体の規模が大きく違い、小さな町や村ではサービス供給体制が整えられずに、逆に広域化も起こっているという状況もあります。とにかく、介護保険をコミュニティレベルに設定した、というのはこの制度のポイントでしょう。

被保険者は四十歳以上が対象です。六十五歳以上の人は第一号被保険者と呼ばれ、保険料は市町村ごとに介護サービス料等に応じた定額保険料が設定されます。またサービス水準の変化にともなって額は変化し、三年の中期見通しに基づいて行われます。

これは、サービスが整備されていないのに高い保険料を取ろうとしても住民の理解は得られないし、また水準が上がってきたら料金はあげますよ、ということ。そして住む場所によって金額も違うということ。これから自分の老後を過ごすには、どんなサービスがあっていくら払うのか、意識していないとだめですね。

負担能力に応じるという観点から、所得段階別に保険料率が設定され、低所得者への軽減措置が設けられていますが、最も低い第一段階の人（生活保護受給者など）でも基準額の二分の一です。一方、第五段階の人（市町村民税本人負担）は基準額の一・五倍と、所得が多い人には負担を求める形です。

徴収方法は年金からの天引きが一般的。年金が年額十八万円以上の人は保険料がカットされて振り込まれるわけで、そうとう厳しい徴収ということです。それもあってか、「特別対策」として開始半年間は徴収せず、その後一年間は二分の一に減額、ようやく二〇〇一年十月から満額の保険料が徴収されるようになりました。このあたりも開始直前になって政治がらみで決められたこと。どうも納得しにくいやり方だと思いませんか？

四十歳から六十五歳の人は第二号被保険者といいます。それぞれの人が加入している医療保険ごとに保険料が設定され、医療保険料に上乗せして徴収されます。ここでもサラリーマンは給料からの天引き。また医療保険と同様に事業主、国庫からの負担があります。設定額は、一人当たり全国均一額にその医療保険制度に入っている第二号の該当被保険者数を乗じた金額を介護納付金として納められるようにそれぞれが決めています。

制度を賄っているのは保険料だけではありません。利用者の負担金を除いた額の半分が公費で賄われています。つまり税金。内訳は国が半分、全体のなかでは二五パーセントを、都道府県・市町村がそれぞれ一二・五パーセントずつを出します。

公費を引いた五〇パーセントを賄っているのが保険料なのです。そのうち一七パーセントが第一号、三三パーセントが第二号被保険者の支払う保険料です。

ここでも、ポイントは対象者を四十歳以上に設定したことでしょう。本人自身は老後を意識するにはまだ早い時期でも、親世代が介護の対象になってくる頃で、人ごとばかりはいっていられない。「制度への理解が得られやすい」という役人の答弁が聞こえてきそうですね。

・サービスの中身は？

すでにいろいろお話ししてきたので、とりあえずメニューを列記しましょう。

□ホームヘルパーが家庭を訪問して介護や家事援助を行う訪問介護（ホームヘルプサービス）

□入浴車で家庭を訪問して入浴介護を行う訪問入浴

□看護婦等が家庭を訪問して看護を行う訪問看護

□OT、PTなどが家庭を訪問、または施設においてリハビリテーションを行う訪問・通所リハビリ

□医師、歯科医師、薬剤師等が家庭を訪問して療養上の管理や指導を行うかかりつけ医の医学的管理等

□デイサービスセンター等での入浴、食事の提供、機能訓練等の日帰り介護（デイサービス）
□介護施設に短期間入所するショートステイ
□痴呆の要介護者のためのグループホーム
□車椅子や介護ベッドなどの福祉用具の貸与や購入費の支給
□手すりや段差の解消など小規模な住宅改修の費用の支給
□利用者の状況をふまえケアプランを立て、サービス提供機関との連絡調整を行う居宅介護支援（ケアマネジメントサービス）
□特別養護老人ホームへの入所
□老人保健施設への入所
□療養型病床群や老人性痴呆疾患療養病棟その他、介護体制が整った施設への入院
□有料老人ホーム等における介護

そのほか、自治体独自に寝具の洗濯・乾燥や、介護研修、一人暮らしの方のための配食サービスなどの給付を行うことも認められています。

サービスを利用するための手続きとしては、まず最初に認定の申請を市町村に行います。これまでも出てきた「要介護認定」。全国一律の方式で決められたチェックシートを用いるマークシート方式です。コンピュータで処理されますが、どうしても身体的な介助の必要性に重きをおいた結果が出てしまい、痴呆などのむしろ介護者にとっては負担の大きいものが、相対的に介護度が軽くなってしまうという問題が指摘されています。最終認定には主治医の意見も加味されますし、不服申

し立てのための「介護保険審査会」という機関があることに期待しましょう。

最も軽い要支援から、要介護5まで六ランクに分かれ、それぞれ利用できるサービスの限度額が決められています。利用者はその限度額までは、一割の自己負担でサービスを受けられます。もし限度を越えたら、もちろん全額自己負担ということです。

また、サービスの提供を受けられるのは六十五歳以上の第一号被保険者です。保険料を払っていても、それ以下の年齢の人は原則として給付の対象にはなりません。脳卒中や若年性アルツハイマー症など老化にともなって生じた疾患と認められるものだけが例外的に対象とされます。介護が必要な難病の方など、保険料は払いながら介護給付は受けられない。ここにも制度の壁を感じますね。

このあたりが介護保険制度の主な内容ですが、おわかりいただけたでしょうか。簡単な説明といいながら、ずいぶん長ったらしいじゃないかと思われたかも知れませんね。でも、介護保険法の条文は膨大で、内容も複雑、多岐にわたっています。これでもだいぶコンパクトになっているということで、ご了解ください。

最後にひとつつけ加えたいのは、市町村の財源の問題。過疎の町やお年寄りの多い村などでは、介護を受ける人に対して徴収される保険料が少なくてやっていけないんじゃないか、という心配がありますよね。これに対しては国による負担額の調整や、都道府県が設置する財政安定化基金からの支援があります。とにかく、かたちとしては市町村を中心に国や県などが脇を固めるという体制が取られているわけです。

見えてきた介護保険の問題点

介護保険制度が実施されて一年になろうとする二〇〇一年三月、新聞やテレビなどでは、現状を報告する特集がいろいろ組まれました。そのなかで、人々の意識の変化やさまざまな問題点など、浮かび上がってきました。

まず大きいのが「事業者選び」の問題。ケアマネジャーのところでお話ししたように、どんなバックボーンをもっているかで違ってきます。利用者が希望をいっても、自分の系列のサービス業者を強く薦めたりで、このあたりの苦情も多いようです。でも役所がくれるのは簡単な連絡先の一覧です。そのほかのサービス提供事業者を自分で選びたいと思っても、具体的な内容はほとんどつかめないのが現状。「詳しい情報を出すと、特定の業者を薦める結果になる」というのが行政の言い訳、どうも及び腰ですよね。それで自己選択をといってもどだい無理な話だと思いませんか。まずはきちんとした情報公開が基本になるでしょう。

事業者選びの基本が読売新聞の特集にまとめられていたので、ご紹介しておきます。

「1ホームヘルパーや訪問看護婦などがどんなことをするのか、あらかじめ仕事の内容を正確に知る　2どんな生活をしたいか、何に困っているかを明確にし、希望に応じてくれるかを事業者に聞く　3実際に事業者を訪れ、雰囲気や対応などを見る。自宅近くの三軒ほどを回って比べるのも手　4ケアマネジャーは身近な相談相手だが、任せきりにしない。自分でも探し、相談する姿勢が大切　5近所の評判や在宅介護支援センターなど相談機関の意見を聞く　6サービスを利用して不満なら、ほかの事業者に替えることも検討」

1のところはトラブルとしては最大の原因。ヘルパーなどの資質の問題はありますが、最も多いのは仕事内容と利用者の希望のミスマッチでしょう。

利用者側のマナー不足も指摘されています。介護保険の対象外のサービスを要求してトラブルになるケースが多いのです。ちなみに対象とならないサービスの事例は以下のようです。

・本人以外の洗濯、調理、買い物　・本人が使う居室など以外の清掃　・自家用車の洗車　・草むしり　・花木の水やり　・ペットの世話　・家具の移動　・窓磨き　・床のワックスがけ　・家屋の修理　・ペンキ塗りなど。ただし本人の生活に必要なサービスと保険者が判断した場合は適用可。

お年寄りの生活をよりよいものにし、QOLの向上をめざすというなら、対象にしてもいいんじゃないかと思えるものもあります。たとえば花木の水やりとか、ペットの世話なんて心のケアに直接つながるもの。家族がいるかどうかにもかかわってきますが、ぜひ心のケアの視点はもっていただきたいものです。

関連して出てきているのが、「利用者の意識の変化」です。「措置から契約へ」という言葉が大合唱され、現実に保険料も払うようになって、今までの「していただく」福祉から、権利としての介護へと着実な意識の変化はあったようです。今まで苦情もいえず何かお情け的な意識より、それは格段の進歩で喜ぶべきこと。でも、一方で権利意識が行きすぎて、ヘルパーを家政婦代わりに考えていたり、ケアマネジャーを苦情処理係や便利屋と勘違いされているようなケースも多いのです。

それぞれが介護保険制度における専門職です。サービス提供者はお年寄りに敬意をはらい、利用者も専門職への敬意を忘れないでほしい。介護はいつも人と人の関係で成り立つもの、円滑な人間関係のためには相互の尊重は欠かせません。

三つ目が「利用抑制」の問題。利用できるサービスの枠があるのに、それが全部使われていないということです。必要性がないわけじゃなくて、お金がないからです。年金、とくに国民年金などで生活しているお年寄りにとって、たとえ一割の負担といっても、ずしりと重いもの。そのうえ、保険料も情け容赦なく天引きされて手取りのお金はへっています。今まで老人福祉の制度で、無料で受けられていたサービスが一転、自己負担もとなったら、手が届かないものになったというのは、現実問題です。

やはり朝日新聞が行った一年目の特集では、全市町村を対象に実施したアンケート結果として、給付実績が予算を下回る見通しと答えたものが七割にのぼったことを伝えています。とくに在宅サービスでは、介護が必要と認定されたのに利用しない人が五人に一人いるとのこと。これはかなりの数ですよね。原因として自己負担の重さのほか、ヘルパーが家に入ることとの抵抗感、そしてサービス不足などを指摘しています。

四つ目は「サービス不足」ということ。これにもいくつかの側面があるでしょう。第一に郡部といわれるような過疎化傾向の地域で、保険者である自治体のちからもなく、企業的なサービス展開が難しいようなところでは、サービスメニューをそろえることも困難でしょうし、ヘルパーなどのマンパワーも不足しがちです。もちろん長野県の佐久地域や秋田県の鷹巣町など日本の中でも先進的なところはありますが、それは悲しきかな例外的存在です。

第二に事業者の撤退によるものがあります。すでにお話ししてきたように、介護保険の導入に合わせて、ベンチャービジネスとして全国展開を行った企業も、採算のめどが立たず各地の営業拠点を閉鎖することになったり、志をもって個人や少人数で始めた事業所も立ち行かなくなったり、規模の大小を問わず、民間参入は厳しい事態に直面しています。サービス報酬額の問題は大きいでしょう。

とくにホームヘルプサービスの介護報酬は、制度開始直前になって身体介護（四〇二〇円）、家事援助（一五三〇円）の身体介護と家事援助複合型介護（二七八〇円）を設けたため、単価の高い身体介護が敬遠されたこと、また単価の安い家事援助の利用が予想以上に多かったため、ホームヘルパー派遣業者の苦戦は続いています。

また、厚生省がうたっていた二十四時間対応の巡回型の訪問介護も、確かに実施されてはきていますが、あらかじめ決まった時間での巡回であって、緊急呼び出しに対応してくれる北欧型のものではありません。それに巡回コースからはずれていたら、サービスが実施されている地域であってもそれを使うことはできません。訪問介護の報酬は実際に介護が行われた時間が対象。移動のための時間も、ましてや緊急呼び出しに対応するための待機時間も含まれないのです。経営的に無理な話です。

もうひとつ、力説したいのが施設の絶対的な不足。デイケアもショートステイも足りません。施設の空きに合わせてケアプランを作るという話はもうしましたよね。特養などの比較的長期の入所施設の待機者は以前よりずっと増えています。これは、介護保険以後一人で何カ所でも直接申し込めるようになった結果、膨大な申し込みが各特養に殺到したわけで、ホーム側でも入所時期が読めなくなっています。それを差し引いても慢性的な不足状況はちっとも改善されていないといえるでしょう。

民間活力ばかりいっていても無理。とくに都市部での不足は深刻ですから、統廃合したあとの学校など、今ある社会資源を活用して、公設民営など柔軟な施設設置や運営がもっと考えられてもいいように思います。

最後に「隠されたニーズ」について考えてみます。仕組みのところでご説明したように、介護保険は利用者の申請があって初めてスタートします。逆にいえば利用者が申請しない限り、実際そこに介護ニーズがあってもサービスの提供に結びつくことはありません。田舎だったらどこのお宅にどんなお年寄りがいるか、回りの人たちも知っているでしょう。でも、都会ではそうもいきません。

お年寄りは、家に引きこもりがちな方もいらっしゃいます。同居家族がいれば、お年寄りのことも回りの人に話されるでしょう。家族を通じて外の情報も入ってきます。でも老人夫婦のみや、独居の方に、介護保険の情報がきちんと全部届けられているのだろうかと心配になるのです。新聞もあるしテレビもある、区報も来るでしょう。それで介護保険のことはわかるはず、というのは大間違い。なぜなら、ケアマネジャーが初めての面接に行くとき、例外なく制度そのものの説明から始めなければならないから。

都会に暮らしながら、情報難民になってしまっているお年寄りのニーズまで掘り起こすこと、保険者である行政に望みたいところです。だってニーズを訴えてはこないこの方たちも、保険料は納めているのですから。

「一年たって　介護保険の現場」という朝日新聞の連載特集は六回続き、最終回でケアマネジャーがテーマに取り上げられました。記事では、がんの治療中に脳梗塞で倒れて右半身まひになり、生きる意欲すら失っていた女性が、リハビリを通して自分の現状を受け入れ生きる元気を取り戻していった過程が紹介されていました。彼女の変化のキーを握っていたのがケアマネジャー。

この女性は五十代、がんのうえに半身まひになってしまった自分の運命をのろい、退院後も沈み込んで、家事は夫に頼んでほとんどベッドで過ごす日々が二年半続きます。介護保険はお年寄りのものと思っていた夫妻が、電動ベッドを借り続けるなら介護保険の申請が必要といわれ、夫が近所の診療所にベッドの貸与を頼みに行きます。そこで出会ったのがケアマネジャー。依頼はベッドだけだったのに、疲れ切った夫の様子にこのままでは家庭崩壊と直感したケアマネジャーは自宅を訪問し、手すりの取付けなど住宅改修の提案とリハビリを中心とするケアプランを立てました。

そしてこの女性の生活が変わります。手すりの付いた浴室で三年ぶりに湯船につかることができた。ホームヘルパーは車椅子で外に誘いだす。週一回きてくれる作業療法士は彼女が残された左手の力を使って家事をするための工夫と訓練を続ける。車椅子を恥ずかしいと思い、自分の現実を認めることのできなかった彼女が、今は「自分で出来ることが増え、出来ないことは素直に頼めるようになった」のです。

利用者自身も気付いていないニーズを見いだして必要なサービスを考える、それが生きる意欲を引き出すケアプラン、生活の質、生きることの質を変えるケアプランになってくるのです。

記事にはこんな指摘がされていました。

「介護保険が頼りになるものかどうか。ケアマネジャーの力量によると言われてきた。……最も大切なのは、自立支援にどんなサービスが必要か判断するプロの目だ」

制度の要となるケアマネジャーの力、その力量を磨くことと同時に、きちんとした認知と仕事にみあった報酬を望みたいと思うのです。

次は、私の仕事の現場、イムノ介護支援事業所のできごとを日誌風にスケッチしてみましょう。

素描　イムノ介護支援事業所の日々

○月○日

利用者の面接に行くといって朝飛び出していったケアマネジャーが昼になっても帰ってこない。どうしたんだろう、少し心配になる。午後になってようやく帰ってきた彼をつかまえてさっそく話を聞いた。

じつは面接もそこそこ、一人暮らしのおばあちゃんの家の台所で換気扇の掃除をしていたという。えーっ。あんまりひどくて、これじゃ食事のしたくをするんでも困るだろうし、ホームヘルパーの仕事には入っていないし、申請していろいろ段取りするより自分でやっちゃったほうが早いから、と。ふたたび、えーっ。

心やさしく、困っている人をほうっておけない彼の性格もよくわかっているし、そんな人だからこそ福祉を担う第三事業部を立ち上げたとき、真っ先に手をあげてくれた。私自身いつも、介護は心と力説している。でもー。

いくら換気扇の掃除をしたって、ケアマネジャーの報酬には入ってこないのよ！　ケアプラン一件作って八千円、二時間でやらなきゃ採算がとれないのに、半日かかってどうするの。のどまで出かかった言葉をのみこんで、とにかく今日のはあくまで例外ということで二時間を目標にやってみて、とだけ言った。気持ちはわかるけど、経営者としてはつらいところ。

○月○日

ケアマネジャーからの報告。担当していたおばあちゃんが骨折で入院、三カ月ぶりに退院されたという。要介護度は？　と聞くと2から4になったとのこと。やっぱり老人の骨折はこわいなあ。生活の自立度が下がっていく一番の原因かも知れない。

そのお宅は自営業で、介護者は五十代。商売をしながらおばあちゃんの面倒をみてきた。お店からベッドのところもみえ、その点ではいいらしい。ただ、おばあちゃんは骨折以後、腰掛けることはできても自分ではベッドから起きあがることができなくなった。新しいケアプランでは、病院への通院リハビリ、特殊ベッドとポータブルトイレ、介助用車椅子の貸与、お店が忙しい週末のヘルパー派遣、週一回の訪問入浴がセットされているという。

リハビリはとにかく寝たきりにならないよう、なんとか現状維持だけはしようということ。ほうっていたら確実に寝たきりになってしまうケースだ。訪問入浴は一回自己負担二千五百円、月四回で一万円。このお宅はお風呂の改修でなくそっちを選んだ。どちらが安いかはわからないけど、訪問入浴なら看護婦のつねに同行して三人一組の体制だから、メディカルチェックがあって安心は安心。自己負担の十倍の二万五千円が介護報酬、三人で最低二時間はかかる仕事だからけっして高くはない。

お店が休みの日など、うまくデイケアとセットすれば、介護者にも休養ができそう。それにデイケアはドア・トゥー・ドア、入浴と食事、それにリハビリも受けられる。費用は自己負担千円。これは安心で助かるサービスメニューだ。

○月○日

毎週月曜日は全体会議の日。今朝の会議でも介護事業部のきびしい数字が提出された。二〇〇〇年四月以来毎週月曜日は覚悟してはいるけど……。第三事業部の赤字を、薬局部門の第一事業部と医療コンサルタントの第二事業部の稼ぎで埋めている状態がずっと続いている。なかなか先の見通しが立たないし、これからどうするのかと詰め寄られても答えに窮してしまう。今のままでは採算がとれるようになるのが、いつになるのか。

厚生労働省はケアマネジャー一人が五十人を担当できるという。それならプラン一件八千円で四十万円で、まあまあ採算もとれるかも知れないけど、実際はそんな人数を扱うのは無理。右から左にただこなすだけで、目配り心配りなんてできるはずがない。それではなんのための介護保険制度かわからなくなるじゃない。介護報酬全体、利用者の負担は抑えながら、なんとか事業者がやっていけるような見直しも考えてほしい。それにしても、福祉の仕事を営利企業ですることは難しいな。アメリカで見てきた劣悪化が起きないのか、少し不安がよぎった。

○月○日

ケアマネジャーから聞いた頑固なおじいちゃんの話。このおじいちゃん、家に他人が入るのは絶対いやだと言い張っている。それでも、おじいちゃんの面倒をみているおばあちゃんのほうも血圧が高くて、体調はすぐれない。このままだとおばあちゃんが参っちゃうからとなんとか説得し、おばあちゃんの手助けにとヘルパーを派遣することになった。

ところがヘルパーさんの派遣初日、さっそく電話がかかった。「おじいちゃんがいないんです」実はその数日前、体調を崩して入院してしまったのだ。おばあちゃんのヘルプだからそのまま続けてよと頼んだが、考えてみたらおじいちゃんを利用者本人にしていて、おばあちゃんの介護申請をしていなかった。ドジな話だなあ、でもちょっと笑えるな。

ケアマネジャーは急遽おばあちゃんの申請をして、ヘルプを受けられるようになった。めでたし、めでたし。これには後日談がある。退院してきたおじいちゃんは、妻への援助はしぶしぶ認めたが、自分の世話はおばあちゃんじゃなきゃいやだと言い張ったらしい。食事もおばあちゃんが作ったものしか食べてくれない。おばあちゃんの血圧がまた上がる。「おばあちゃんが入院しちゃったらどうするの」ケアマネジャーの説得が続く。

介護保険制度ができて、家族が同居していても堂々と外の人の手を入れることができるようになった。家族はどうしても、ある意味甘やかしたり、厳しくなったりしてしまう。本人にも、家族への甘えがある。

外の手が入ることで、少しずつおじいちゃんも変わっていくだろう。トイレが間に合わなくて今は昼間もしているおむつが、外の人が入ることで、自分でやる意欲が出て日中だけでもトイレに行こうとしてくれるかも知れない、とケアマネジャーは話してくれた。

そうだよ、ほんとにそうだ。自立援助が介護保険の目標。おじいちゃんには今ちょっと厳しいかも知れないけど、自分でやる気が起こってきたら、もっともっと変われる。しつこい説得をこころみたケアマネジャーをねぎらいたかった。

最近の情報から

介護保険の現場で、いまホットな話題のひとつがｉモード。介護保険はずっとお話ししてきたように、とても煩雑な仕組みで、コンピュータ処理は欠かせません。それに、医療報酬請求（レセプト請求）では紙の書類が使われていたのに、介護保険ではＩＴ時代にふさわしく電子請求が義務づけられています。そこでｉモードの登場。いつでも携帯電話を持っていればそこに全部打ち込める。利用者のところにも一軒一台レンタルすれば、情報の集約もできるし、チェックも簡単。政府も公共事業というならそういうところにお金を使って、ただで配るくらいのことをしてくれてもよさそうなものですよね。

ｉモードの可能性はもっと広がっていくだろうし、わずかな間の進歩を考えるとそのスピードはさらに加速しそう。これはホットな現状。

次はちょっと暗い話題。先頃厚生労働省から出された医療制度改革案です。これは患者も医療機関も痛み分けということで、双方に負担増を求める内容。

高齢者医療では、対象年齢を現行の七十歳から段階的に七十五歳以上に引き上げること、患者の窓口負担を、一割に統一、高所得者からは二割を徴収。

サラリーマン本人の窓口負担を現行の二割から三割に、七十から七十五歳は一割から二割へ、それぞれアップ。ただし三歳未満は三割を二割に軽減。高額療養費の自己負担限度額の引き上げ。サラリーマンの保険料を年収ベースに変更しボーナスからも徴収。政府管掌健康保険の保険料率アップ。

医療機関では、老人医療費の伸び率「管理制度」を導入して超過分は医療機関の負担とする。診療報酬の見直し。保険者との「個別割引契約の解禁」。最後に情報開示による患者の選択拡大がうたわれます。

どうですか。医療費の膨張で逼迫している保険財政を改善し、持続可能な仕組みが問われているわけですが、とにかく全体に負担を増やし、そのことによっても医療費抑制をはかろう、という手法です。

ここで、要チェックなのが、まず伸び率管理制度。ここにはアメリカのケアマネジメントの考え方が盛り込まれています。超過を医療機関の負担にすることが何を意味するのか、みなさんもうご存じですよね。クスリづけ、検査づけは御免こうむりたいですが、必要な検査・薬はほしい。患者側の意識も変えていかなければならないでしょう。

次に個別割引。これもどこかで聞いた話。そう、アメリカで保険会社が医療機関と割引契約をしてグループ化している話です。ここでは、患者の自由な選択は狭められます。日本でも、ある企業の保険組合が特定病院と契約し、自分のところの社員はその病院へ行け、といいかねません。あの先生に診てほしいと思っても、それなら自費でどうぞ、と。この制度もメリット、デメリットをきちんと見きわめたいものです。

保険制度を守っていくことは一番大切ですが、そのためにどうしていけばいいのか、自分たち自身の問題として真剣に考えていくべき時がきたと思っています。

もうひとつの話題。私のクライアントの病院では、病院の車椅子を使わない試み、挑戦をしています。人々の車椅子への抵抗感がなくなり、自宅でも施設でも車椅子の登場する機会が増えました。少し足の不自由な人など、車椅子なら転倒する心配もないし、と。でもそこに落とし穴もあった。車椅子が安心で楽、と頼ってばかりいると、丈夫だったはずの足の筋肉も骨もどんどん弱ってしまうんです。

この病院では、脳卒中や骨折など歩行に障害が出た患者さんをすぐ歩かせ始めるのです。通常はまず車椅子に慣れ、それからおもむろにリハビリが始められるのに。そのほかの患者さんでも、歩ける人なら時間はかかっても歩いて検査などに行ってもらう。

筋肉も骨も使わなければ急速に弱るというのは、たしかに常識。でも、つらい訓練をすぐに始めるのはかわいそう、それに第一歩くのに付き合っていたら時間ばかりかかってしまい、車椅子でさーっと移動したほうが楽。でもこれは、患者さんのことを思ってというより、むしろ医療者側の都合だったんですね。

患者さんを見守る看護婦さんの姿を見ていて、ふとデンマークのアクティブセンターで見たヘルパーの姿がだぶりました。「あなたはできるのよ、だからやって」命令でもなく励ましでもない。相手を信じてじっと見守り、待つ姿。

ああ、そうなんだ。あそこにも、いろいろな補助器具があってそれを使いながらみんな自分でしようとしていた。この病院でも、いろんなかたちの歩行補助具を使って、患者さんがもっている力を引き出している。

ここにもＱＯＬ、クォリティ・オブ・ライフを見つけたのでした。

この章の最後に、私の夢を少し語らせてください。

もし私が総理大臣だったら

私が、もし政策を決定できる、たとえば総理大臣のような力をもっていたら、ケア・ステーションビルをつくりたい。従来の郊外型の老人施設ではなくて、都会の真ん中、そうＪＲの主要駅の駅ビルのような便利な場所に、複合型のケアビルを建てたいのです。

一階はコンビニ、二階は看護（介護）ステーションのようなサービス事業所、三階は保育所、四階はショートステイ、五階はデイケア、六階には内科、眼科、歯科などかかりつけのクリニック群、七階以上は特別養護老人ホームやケア付き住宅など高齢者のための居住施設に。よくばれば、ビル内に、小さくてもいいからコンサートホールか、個展でもできる美術サロンもほしいな！

どうですか。夢の介護ビルです。

年をとったら空気のきれいなところで、景色がよくて温泉もあって、と頭から決めてかかるのはどうでしょうか。そんな場所ほど実は交通の便が悪く、車がないと身動きがとれない、ということもあります。買い物もままならない。丈夫なうちなら自分で車を運転して自由に行動できるでしょうが、ケアが必要なお年寄りでは、入ったら入ってしまいきり、そこが終の棲家になってしまいます。

郊外や田舎にある施設に、家族や友人も気安くはいけません。どうしても足が遠のいてしまう。でも、JRの駅ビルのように駅に隣接したところにあったら、会社への行き帰り、ちょっと顔も出せる。朝立ち寄って、子どもを預け、おじいちゃんおばあちゃんの様子を見てから出勤、帰りも子どもを引き取り、その足でまたおばあちゃんたちのところにも寄れる。ついでに一階のコンビニで買い物をすますことだってできる。そうすればお年寄りも、毎日子どもや孫の顔を見られることにもなります。

便利な場所なら、お友だちや、ときには恋人（茶飲み友だち?）も訪ねてくれるでしょう。おじいちゃんもおばあちゃんも、いそいそと身支度をし、ちょっとおしゃれにも気をくばり、そんな訪問客を迎えます。そして華やいだ時間が流れる。もし少しでも動ける方なら、タクシーに乗ってお芝居を見に行ったり、コンサートを聴いたり、展覧会を見に行くこともできるでしょう。便利な都会ならではのことです。

お年寄りのための施設も、ぜんぶ都市型、ぜんぶ郊外型と決めつけるんじゃなくて、どちらもあっていい。選択できればいいんです。ご自分の意思で、こんどはちょっと長くなりそうだから、富士山でも見に行こうかとか、たとえば避暑気分、別荘感覚で出かけていったらいい。気軽なのりで、だってそこはけして終の棲家なんかじゃないんだから。悲壮感は必要ないのです。

最終的に、終末期を迎えるお年寄りのQOLとはなんでしょうか。きれいな海や紅葉もたしかに素晴らしいけれど、日本の四季を何十年も見てきたお年寄りが最後に見たいのは、家族だったり友人だったり、個人的なコミュニティのあるところ、そんな人間のつながりなのではないでしょうか。家族や友人を待って身支度する。恋人の訪問なら、ビルの中の美容室で髪もセットしましょう。その心の華やぎ、それこそがほんとうのQOLなんじゃないかと、私は思っています。

彼女はきょう、どんな色のカーディガンをはおるのでしょう。

第四章　赤いカーディガンのＱＯＬ

「僕はね、今でも悔やんでいることがあるんですよ」

ある会合のあとでお茶をご一緒しながら、聖路加病院の日野原重明先生は語りはじめました。日野原先生は、私が敬愛してやまない方で、とくに医療と人間、心の問題など、哲学的といっていいような教えをいただいています。

「その娘さんは十七か十八くらい、女工さんでしたね。結核を患っていて、もう彼女は死んでしまうとわかっていたのに、僕は最後までそれが言えなかった。そのために彼女はずっと『生』に執着をもってしまって……。つらい最期でしたね。僕も若かったからなあ。今の自分だったら彼女に『死はけしてこわくはないんだよ』とか『先にいってらっしゃい、僕たちもあとからいくからね』とか、もっと違ったなにかを言ってあげられたのに。死についての話をきちんと向き合ってして、いい引導を渡してあげられたはずだと思うんですよ」

「いい引導を渡せる医者」この言葉は、別な場でも語られました。

二〇〇一年の秋、福岡で開かれたある学会に参加した時のことです。そこで、話し合われた大きなテーマが「ホスピスケア」。日本でも先駆的な在宅ホスピスの活動を、九州の地ですでに実践している先生や、高校生に死への準備教育を始めている東京のある私立高校の先生の報告など、「死のQOL」とでもいうべき問題が取り上げられ、ここでも新鮮な感動を覚えました。これまで薬剤師として、薬局経営者として、また医療経営コンサルタントとして医療の世界に身をおき、いま介護支援事業者として福祉・介護の世界に足を踏み入れてきた自分。自分がどこからきて、どこへ行こうとしているのか、私自身の置かれたポジションを再確認するような、そんな思いでした。

死をめぐる日本人の思い

死は、私にとってタブーでした。「死は医学の敗北」という意識を多くのドクターがもっていま す。薬の専門家として医療界にどっぷりつかってきた私にも、その意識が染み着いていました。薬を使って病気をたたく、やっつけるのだと。けれど、どんな医薬品といえどもけっして絶対のものではありません。その時病気が治っても、人は永遠に生きられるわけではない。どんな人でも終末はやってくるのです。私は病気を治すことばかりを考え、死から顔をそむけてきました。

死をタブー視してきたのは、ひとり医療界ばかりではありません。日本人そのものが死を見えないものにしてきた、死から目をそらしてきたといえるのではないでしょうか。みなさん、ご自分のことを思ってみてください。「死」を意識して考えたことはありますか。身近な人の死が近づいているとき、でもそれを口にすることがはばかられるような場面を経験したことはありませんか。「死」を考えるのは怖い、「死」を話題にするのは不謹慎だ、そんな気持ちはありませんか。人々はみな「死」という言葉を嫌っていました。「死」は受け入れられなかったのです。

現代人から死をより遠ざけたのは、ほかにも理由があるでしょう。核家族化が進み、わが家での看取りがだんだんなくなっていきました。いつのまにか、死は病院で迎えるものになり、日常の生活から切り離されたものになってしまったのです。私たちにとって、死はよけいに見えにくいものになりました。

核家族の時代、子どもたちもおじいさん、おばあさんの死に身近に接することがなくなりました。病院に見舞ったり、駆けつけても、そこにあるのは生活とは切り離された「非日常の死」。あるときは、点滴や人工呼吸器などいろいろな管につながれたスパゲッティ症候群と呼ばれる「異形の死」に遭遇します。子どもたちのなかでは、死はリアリティを失い、簡単に死を選んでしまったり、他者の命を無造作に奪ってしまうことが、現実に起こっています。

少し前から、そんな日本人の心にも、少しずつ変化の兆しはありました。人体をテーマとする大型の特集がテレビ番組としてシリーズで放映されたり、そこでは生命の誕生とともに当然ながら死も射程に入ってきます。がんが日本人の死因のトップに躍り出て、闘病と同時に死も目をそらすことのできないものになりました。これもテレビ、新聞、出版など、あらゆるメディアがとりあげざるをえません。人間の生と死をめぐる話題はいやおうなく、私たちの回りにあふれるようになりました。自分のお葬式やお墓について、生前から考え、決めていこうという動きも出ています。いま病気だったり、年をとっていて死が身近な人ばかりでなく、自分の生き方の最後の終着点としての死のあり方を考えはじめている人たちです。

でも、かんじんの医療界そのものは一部に死をみつめようとする方はいたのですが、全体としては重い腰をあげようとしませんでした。あいかわらず、医学にとって死は敗北のまま。死を受け入れ、死と向き合う医学はおいてきぼりをくっていました。

そんな日本社会がみじろぎを始めたのは、高齢化の問題が大きくのしかかってきたことと、けっして無関係ではないと思います。お年寄りと介護の問題は、多くの日本人にとって現実の、自分自身の問題になりました。隠されてきたたくさんの問題が、語り合われるようになりました。そして、介護の先には必ず「死」がついてきます。どういう介護を受け、人生の最後をどう迎えたいのか、どうそれをサポートするのか、人々は考えはじめました。今、介護の世界に足を踏み入れた私自身が、そうであるように。

キュアからケアへ

先ほど触れた学会がこの日掲げたタイトルは「人間尊重の保健・医療・福祉サービスにむけて」でした。これまで十年あまり、いかに医療を発展させるかということだけをやってきた学会だったのに、この変わりようは何なんだ、というのが正直な思い。でも、社会が変わろうとしている今、医療経営に携わる人間もまた変わらざるをえないのです。

私自身も、自分の心の変化を感じながら、それを認めることがなかなかできませんでした。そして、この言葉に出会うことになったのです。

「キュアの時代というのは延命第一主義、とにかく死は医学の敗北だった。今ケアの時代になって、死にゆく患者や家族への援助がまず第一。ケアの時代のドクターはどうあるべきか。それは患者に『引導』を渡せる医者になること」

「キュアからケアへ」そうなんだ。私も、その道を歩きはじめているんだ、と。

明治以降、西洋医学を国の正式な医学として選んだ日本人は、西洋医学のみを信奉し、ただ医学の「進歩」ばかりを追い求めてきました。病気と対決し打ち負かすことをめざして。それまで日本人が伝統的にもってきた漢方医学など東洋医学の緩和的・予防的な考え方を捨てて、まさにキュア全盛の時代だったのです。

この日語られた「死は敗北」という言葉は、むしろ何か懐かしく響きました。ああ、私もかつてそう思っていたんだな、と。新薬を開発しよう。素晴らしい薬を使いこなしてとにかく病気をたたこう。死は負けだ。死を拒絶する気持ちは、薬を扱ってきた私のなかにも強くありました。「薬物は毒物」というのが私の持論です。毒物を扱う自分が知識や手腕を身につけているからこそ、それを武器にもできる。もし、死のうと思えばいつでもできるし、人に与えることもできる、入手することも。だからこそ、仕事への自負もありました。これで病気をやっつけて、患者さんを救うのだと。

でも、どんなに優れた薬も、不老長寿の薬ではありません。人は死を免れることはないのです。どんな医学も死からは逃れられない。その意味では百パーセント敗北。完敗です。私たちはそれを認めようとしなかっただけなのです。

そんな医学をめぐる世界のど真ん中にいる人間の一人だった私が、介護保険という福祉の領域にまじわり、両方をあつかうようになって意識の変化が起こったのです。介護保険によって、西洋医学ではない予防的医学へ、病気とたたかうのではなくて受け入れていくこと。ハコは病院だったものが在宅へ。そこでぐるっとひとまわりしている自分がいた。まさに、キュアからケアへシフトしているのです。介護保険は、私にとってのターニングポイントでした。

「死は敗北」をきちんと意識的に否定したことはありません。けれど、自分が避けてきた、これまでとらえられなかった死生学的な死というものが、お年寄りに接すること（仕事として）によって、ひじょうに近いものになってきたのです。今までとは逆の発想をしないとついていけないようになった。自分が今いる場所が、すべきことが見えてきたのです。

私に啓示を与えてくださった方をもう一人ご紹介しましょう。アメリカのアルバート・アインシュタイン医科大学の名誉教授で、コロンビア大学医学部生命の質研究日本センターの学術部長をされている竹友安彦先生です。肩書がとてもすごくて近寄りがたい方に思ってしまいそうですが、ちっともそんなことのない魅力あふれる先生で、私が尊敬する方の一人です。死生学の第一人者であるとともに、ＱＯＬ、クオリティ・オブ・ライフのトップ研究者。私がＱＯＬという言葉を使うとき、安友先生の唱えるＱＯＬが念頭にあります。それはどんなものなのでしょうか。

日本では、ＱＯＬを訳すとき、生活の質という言葉もよく用いられます。でも、安友先生は「生命の質」という言葉を使われます。生命の質と生活の質。ＱＯＬを「生命の質」と言うとき、私はより広く深い思いを抱かされるのです。

竹友先生は、生命の質の示す意味の本質を「不幸」に対する「幸福」だとおっしゃいます。そして「幸福」と一言でいっても、科学的に人間の生理学、心理学を明らかにする試みの枠内で把握されるものと、信仰の枠内で把握されるものの二つがあり、科学の領域にとどまるかぎり、信仰の領域の幸福には至らないのです。これまで、医療者の研修は科学の枠内で行われてきたけれど、死に近づく体験、死別する体験をもつ患者をケアする医療者は、その枠を超えて患者の信仰の領域での体験を受け入れることが大切であると説かれました。

私なりに解釈すると、ＱＯＬとは幸福を感じられること、心の喜び、心の華やぎだと思うのです。だからこそ、どんなに年をとってもおしゃれをしたり、大切な家族や友人と会うそのことが、心のケア、ＱＯＬに結びつくと考えるのです。でも、医学（薬学もふくめて）を学ぶ人たちは、ずっと科学的な領域だけで問題をとらえてきました。でも、科学だけでは死を前にした患者さんやその家族を救うことはできません。日本にはあまり宗教的なものが根付いていないので、むしろ霊的なものといったほうがいいかも知れませんが、人間を超えた存在によって癒されるということがあると思うのです。大きな自然の営みのなかに身をゆだねる、そのなかで命のかたちのひとつとして死をとらえる、そんなこともあるかも知れません。

「生命の質」としてのＱＯＬは、この本をまとめていくなかで、より強いものとして私には感じられるようになりました。

自分自身が介護の世界の一端に身をおくようになり、デンマークで受けたショック、アメリカの光と影、介護保険をスタートさせたばかりの日本とたどってきて、その三つの国のあり方、そこに暮らす人たちの意識を比較しながら、いま岐路に立っている日本の私たちがどんな未来を選ぼうとするのか、この章で考えてみたいと思います。

そこでいくつかのキーワードを手がかりに、お話をすすめていきましょう。最初に選んだのが、「在宅ホスピス」です。

在宅ホスピスをめぐって

ホスピスというと、みなさんどんなイメージをお持ちですか。がんの末期の患者さんが、痛みを緩和し、最期を穏やかに迎えるための施設、というイメージでしょうか。たとえば『病院で死ぬということ』という本の作者、山崎章郎先生がいらっしゃる東京の桜町病院のホスピスなど、テレビで紹介されることもあってご覧になった方も多いかも知れません。ふつうの病院とは少し違う、どこか温かで静かな時間が流れている、そんな空間のイメージです。日本でもようやく、がんなどの痛みのケア（キュアではなく）が医療のなかに位置づけられ、診療報酬制度のなかでも認められるようになってきました。

でも、私がここでテーマとしたいのは、施設としてのホスピスではなく、またがんなどの病気に限らない、終末期医療、それも在宅で行われるケアの問題です。自宅でホスピスなんてあんまり聞いたことがないわ、とおっしゃるかも知れません。そうなんです。自宅で静かに穏やかに死を迎えたいという人のために、在宅でのホスピスケアが提供されるということが、日本ではまだまだ行われていません。自宅で最期まですごしたいという患者さんのために、往診をされているドクターは私の周囲にもいらっしゃいます。けれどもそれは、こころあるお医者さまの活動で、在宅ホスピスを支えるチームとしての動きではありません。

在宅ホスピスチームとは、医師、看護婦、薬剤師、ソーシャルワーカー、場合によってはOT、PTといった専門家たちがひとつのチームになって、患者さんの最期をホスピス的なケアで支えます。そんな在宅ホスピスの取り組みを九州でしておられるある先生は、なぜ日本で在宅ホスピスの取り組みが遅れているのか、在宅ホスピスが進むのを疎外している原因の第一は「告知」の問題だ、と明言されました。患者さん本人に、病状やこれからのこと、それは間近に迫った死もふくめて、「真実」を告げないからなのだと。

たしかに以前に比べて告知は行われるようになりましたが、それはたとえば、がんなどでも初期で治る確率の高い場合がほとんどです。再発やすでに進行していて死を予測しなければならない時ほど、家族は本当のことを患者自身に告げることをためらい、告知を拒んでいます。その結果、自分の予後を知らない患者は「ホスピス」を選択することはもちろんできないし、自分の死を受け入れ死への準備をすることができません。残された時間が短ければ短いほど、その時間をどうすごすかが大切なのに。家族もただ目を覆って死を見ないようにしているだけで、大切な時間をある意味では偽りのものにしてしまっている。

本当にそうだな、と私も思いました。まず真実を知らなければ、自分はどうしたいのかを決めることなんてできない。私が患者だったら、家族の立場だったら、さまざまな思いが駆けめぐります。

死への畏れ、この壁を乗り越えなければ、それぞれの人が自分らしい人生の最期を選ぶことなんてできないんだと。

アメリカはどうでしょう。

アメリカはもともと告知の国です。原則としてどんな病状であっても告知は行われます。訴訟社会で、医療裁判を避けるために医師が告知をし、患者自身に治療の選択をさせる、という側面は否定できません。でも、アメリカ人の意識として、自分のことは自分で知りたい、自分で選びたい、その権利をもっている、という強いものがあります。

個の確立というか、デンマーク人の個人主義と少しニュアンスは違うかも知れませんが、自分という存在を律する強靱な自我をもっている国民だと思います。

告知ということでは、私もこんな経験をもっています。

その日、私が訪れたのはニューヨークにあるがんの告知専門病院でした。病院のイメージとはほど遠い明るいロビー、正面の壁一面に木の形に小さな金属のプレートがたくさんはめこまれ、一瞥してうーんおしゃれな装飾だなと思って奥に進みました。エレベーターの前に来て、各階の案内表示をみてうなりました。ドクターがいたり、治療を施したりするいろいろなお部屋があるのは当たり前なんですが、「チャプレン」と書かれたフロアーがあるのです。つまり教会の牧師さんのような方なんですが、さすが国際都市ニューヨーク、あらゆる宗教の人たちが集まっていますから、この病院にいる宗教者の方（チャプレン）も実に多彩。無宗教の患者に対応してくれる人もいます。

すごいな、と正直な感想。ここは告知の専門病院ですから、患者はつらい宣告を受けます。その心の痛みをともに受けとめ、死を語り、精神的な癒しを行うのがチャプレンです。日本で考えられますか。キリスト教をベースにした病院で、牧師さんが病室をまわってきたり、仏教系の病院で定期的に患者のための法話の会が開かれているというところはあります。でも、どんな宗教の方にも心のケアを準備している、という病院は知りません。第二章では、アメリカの闇の部分を強調しましたが、これはとても進んだ一面でしょう。

なかをひととおり見学し、再び一階に戻りました。くる時に見たきれいなレリーフを今度はよく見てみました。なんとプレートのひとつひとつが墓碑なんです。亡くなった方の名前やたとえば好きな言葉など、それぞれに刻みこまれています。自分でお墓をもてない人でも、ここに自分の存在を残していられる。ステキだなあ、と再び感心する私。

でも、これにはアメリカらしい「おち」がついています。病院のパンフレットを仔細に見ると、メモリアルツリー（樹状のレリーフはこう呼ばれています）には値段があって、金のプレートが三〇〇〇ドル、銀が一〇〇〇ドルときちんと記載されていました。考えてみたら日本のお墓だって素材で値段が違っているわけで、当然といえば当然なんだけれど、チャプレンに感激したばかりだった私は、なにかとてもアメリカ的だなあ、とつくづく思ったわけです。

さて、話を在宅ホスピスに戻しましょう。

アメリカでは、実は在宅ホスピスがさかんです。ニューヨークにいた頃から視界の片隅には入っていて、各タウンにいくつかずつクリニックに併設しているくらいたくさんあるなあと思ってはいました。でも特には意識していなかったんです。在宅ホスピスはチーム編成で、すでにお話ししたようにドクター、ナース、薬剤師、ソーシャルワーカー、時によりPT、OT、そしてチャプレンなど七、八人で構成されています。ドクターは契約制で常勤ではないケースが多いのですが、チャプレンは必ずいます。このチームが在宅（自分の家だったり、娘や息子の家のことも）で、人生の最期を迎えようとする人のケアにあたっています。診察したり、身体的な痛みの緩和の治療を施したり、精神的なサポートを行います。これも優れた取り組みに違いありません。

なんでアメリカでは在宅ホスピスがさかんなのか、最近気になって調べてみました。答えは簡単。在宅ホスピスにはお金が出るのです。第二章の繰り返しになりますが、アメリカでは民間の保険会社はとてもシビアです。その保険会社が、在宅ホスピスにはお金を出してくれるのです。また、HMOのマネージドケアの制限も受けにくい領域です。州によって対応は違いますが、公的手当もつきます。医療費抑制を至上命題にしているアメリカでも、人生の最期、ターミナルケアにかかるお金は、人道的な意味からもケチらない、ということなんでしょう。そして、お金が出るということは、まさにビジネスチャンス。今や、在宅ホスピスはニュービジネスというわけです。

もちろん制約はあります。期間はマックス六カ月間で、主治医による診断書が必要です。この人は半年以内に必ず死ぬという「お墨付き」が条件というのは、考えてみれば恐ろしい話なんですけれど、それでも最低基準一日百ドルの支給は大きいです。

病院に長くいることはできないし、ナーシングホームの現状もお話ししたとおり、すべてお金次第。患者の側からしても、在宅ホスピスは有利な選択になります。

では、デンマークはどうでしょう。

デンマークには、ターミナルケアとか、ホスピスケアという捉え方自体がないのです。デンマークの人々は老いを恐れてはいません。自分が年をとっていくことにほとんど不安を感じてはいない。老いの先にある死も自然な出来事で、誰もに必ず訪れるものなのです。

高齢者施設にいても、ケア付き住宅にいても、病院でも最終的に人は終末期を迎えますが、そこにあるのは穏やかな自然な死です。とりたててチャプレンが呼ばれることもない。キリストのもとに召されるため、それを導き最後の祝福を与える牧師が枕元に寄り添うかも知れないけれど、彼らはアメリカ人が必要とし、用意している意味でのチャプレンではないでしょう。

さらに言ったら、デンマークでのあり方そのものが、ホスピス的なるものではないかと思うのです。思い出してください。痴呆になられた方の子ども時代の家具が置かれた居間、娘時代におしゃれをして恋人に会うために行っただろう美容院のたたずまい、庭で自由にすごすお年寄りを遠くから見守るまなざし、その人のために好きな料理をデザートまで準備してくれるボランティア、ただよってくるおいしそうな匂い、これらすべてが人生の最後まで人々をつつんでいるのです。そしてそれは、特別な何かではなく、自然な当たり前の日常でした。ここに流れているものこそ、ホスピスケアなのではないか、と私は思っています。

片やホスピスの土台ともいえる告知すら遅れている日本、片や在宅ホスピスをニュービジネスにしたアメリカ、そしてホスピスという言葉を必要としないデンマーク。どれがいいとか悪いとかではなく、在宅ホスピスという視点から見ても、三つの国はこれだけ違っているということです。

税か保険か

次に注目したいのは、医療・介護を支えている仕組みの問題です。

これまで見てきたように、デンマークの制度を賄っているのは税金です。国税、県税、市民税（コミューン税）合わせて所得の五〇パーセントに課税されます。そうして国民が払い続けた税金を財源にして福祉政策が行われている。つまりデンマークの人々は、国や自治体に貯金をし、基本的には無料のかたちで介護や看護、医療を受けています。高い税金も、国民自身が国のあり方として選択し、納得した結果です。アンケートをとっても、自分の老後に（とくに金銭的な意味でも）不安をもっているというデンマーク人はほとんどいません。これは素晴らしいことだと思いませんか。

アメリカでは、制度を支えているのは税金と保険の両方でした。けれど、保険といっても運営しているのは民間の「営利」会社です。国民全体を対象とする、日本人が考えるような保険制度ではないことは、もうみなさん十分わかっていただいていますよね。まったく何の保険にも入っていいない人が四千万人近くもいる、ということも見逃せません。公的な制度として国が行っているメディケアは高齢者を対象とするもので、財源は税金です。でも、医療や介護のすべてを賄ってはくれませんから、お年寄りの、またその家族の出費は続きます。ホセのケースを思い出してください。

そして、行き着く先がメディケイド。運営しているのは各州で、これも税金による公的なものでした。しかし、メディケイドを申請しようとしたら、厳しい資産や収入のチェックが必要で、手元に残すことが許されるのは自分の葬式代だけ。人間としての尊厳もおとしめられる屈辱的なイメージを、アメリカの人々はもっています。セイフティーネットは準備されていると政府は胸をはるかも知れませんが、国民のほとんどが自らの老後に不安を抱いているという状況をどう説明するのでしょう。

アメリカの仕組みで特筆すべきは、制度の受け皿としてあるものがすべてといってもいいくらい、民間の営利企業だということです。税金が出るところに民間企業が群がり利潤を追求する。メディケアの人たちからどんどんお金をとり、メディケイドに追いやる。巨大なメディケイドミルといわれるナーシングホームの現状は、すでにお話ししたとおりです。

ひるがえって日本はどうでしょう。

日本では、医療に関しては国民皆保険が一九六一年に達成されました。みなさん何かしらの健康保険証をお持ちですよね。この制度は基本的にはそれぞれが支払う保険料で運営されます。もちろん国民医療費を賄っているのは保険料ばかりではありません。公費負担、つまり税金が三〇パーセントあまり、そして患者負担分が一五パーセントほどあります。医療機関にかかると、初診料や自己負担分を二割、三割と払いますが、全体としてみると一五パーセントの負担。これはアメリカに比べてはるかに軽い負担率です。それが可能なのは、国民全体で支え合うという保険制度を日本人がもっているからで、これは何度もいいますが世界に誇れるものではないかな、と思います。

これまで税金だけで賄われてきた福祉の分野に、新しい保険制度として導入されたのが介護保険でした。高齢化が待ったなしで進む日本で、お年寄りの介護の問題を家族や個人だけに帰するのでなく、やっぱり日本人全体で支え合おうというのが制度の主旨。第三章でお話ししてきたように、サービスを受けられるのは原則として六十五歳以上の方ですが、四十歳から保険料を納めます。制度の半分を賄うのは税金ですが、これから一層の増加が予想される介護を、保険料を納めることでサービスを受けやすくするのだと。本音のところでは、社会的入院などのかたちで医療保険から拠出されているコストを、介護保険として切り離し、より安価なものにしようというねらいもあります。

いろいろな問題を積み残したままとにかくスタートした介護保険。とにかく、いま日本人は保険方式を選択したわけですから、どうこれを進めていくのか、自分たちの問題として考えていかなければならないのではないでしょうか？

デンマークの医療制度のこと

ところで、第一章で触れなかったデンマークの医療制度について、少しお話ししましょう。この国では、福祉はコミューンの担当、医療は県の担当ということで行政管轄が明確に区分されています。でもこの二つの分野は連続していて、その連携がうまくできるかがカギになっています。

デンマークには医療保険法があり、定住者のすべてが対象。費用は保険料として徴収されるわけではないので日本の保険制度とは違い、この分野を管轄する県の負担になります（事務運営はコミューン）。市民はコミューンに住民登録するとき医療保険に加入しますが、そこでグループ1か、2かを選択します。グループ1に登録するとコミューンから家庭医のリスト（自宅から十キロ圏内の医師）が送られ、そこから自分の希望する家庭医を選びます。受診はこの家庭医に限られ、専門医への紹介もこの家庭医を通して行わなければなりません。制約はありますが、医療費の全額と外来処方薬の五〇から七五パーセントが保険から支払われます。グループ2の場合は、専門医を含め受診する医師を自由に選べますが、診察料の自己負担部分があります。そのため、グループ2の人はたいてい民間の保険会社の疾病保険に加入するとのこと。ただし、市民の九五パーセントは1のグループに登録しているようです。

コミューンに登録すると、家庭医の連絡先やグループ区分が記載された保険証が送られてきます。これがイエローカード。本人の住所氏名、自治体名と連絡先、そして個人番号（CPR番号／中央個人登録番号）も載っています。ちなみにこの個人番号はデンマーク国籍か否かにかかわらず、長期滞在者でコミューンに登録した人全員に付けられるもの。このイエローカードさえ持っていれば、デンマーク国内はもちろん、EU圏内どの国で病気になっても、医療費はただというありがたいもの。ところで現在、日本でも外国人労働者がふえ、彼らが無保険のため医療費が払いきれないという問題が起きています。現実に日本で暮らしている人のためにどんな制度が作れるのか、そろそろ真剣に考えてもいい頃だと思うのですが。

デンマークでも八〇年代後半から、膨らむ社会保障費、経済の減速のなかで、合理化の波は医療分野にも押し寄せました。病院でも効率化が叫ばれ、限られた人員で最大限の効率を上げるためにチームワークで取り組みが行われました。そのひとつの成果が入院日数の短縮です。平均の入院日数は一週間あまりとのこと。たとえば急性盲腸炎で入院した場合はどうでしょう。たとえ手術の翌日でも便通があれば即退院です。縫った傷口は痛むし、まだまともに歩くこともできなくても、です。日本だったらとても考えられませんね。

これを読んだみなさんは、なんだアメリカと同じじゃない、とおっしゃるかも知れません。たしかに、デンマークでもコスト意識はものすごいものがあって、とくに病院の費用はとても高いので患者をいかに早く退院させるかは効率を上げるためのキーポイントです。でも、アメリカとデンマークは似て非なるもの。デンマークではただ患者さんを追い出すわけではありません。

たとえばお年寄りが脳卒中で入院されたような時、急性期の対応が終われば次にリハビリ専門の病院に移り、その経過によって在宅ケアサポートもある。自宅に戻るのが困難でも保護住宅もあるし、プライィエムもある。さまざまな福祉のオプションが用意されている。第一章でご紹介したデンマークの住宅や施設などのことを思い出してください。アメリカの劣悪なナーシングホームとは違うし、お金次第ということもないのです。そして、なにより医療と福祉はきっちりした連携がとられている。

もし、デンマークの医療制度が人間性を無視した効率一辺倒のものだったら、この国の人たちが黙っていると思いますか。きびきびと立ち働き、あるときは情け容赦がないように映るかも知れないけれど、医療の場にもデンマーク人の心はしっかりと流れているのです。

福祉を支えるスタッフたち

制度との関係で、福祉を支えている人たちのことを考えてみましょう。
まずはデンマーク。この国では、一九九〇年に制定された「社会福祉分野における社会・保健基礎教育法」によってそれまであった資格や教育プログラムが改正され、福祉に携わるスタッフのレベルアップが図られました。以前は働く場所によってホームヘルパー、看護助手、ナーシングホーム・アシスタントと分けられていたものが、教育期間の長さによって社会福祉・保健ヘルパーと社会福祉・保健アシスタントに分かれます。

養成教育は基礎課程、第一課程、第二課程、そしてOT、PT、ソーシャルワーカー、看護婦などより専門性の高い職種に就くための専門教育課程に分かれています。基礎課程は国民学校の修了レベルにより（九年生は必要、十年生修了者は不要）受ける準備課程。第一課程は期間が一年で、教育の三分の二が実習にあてられ、修了後は社会福祉・保健ヘルパーの資格が取れます。第二課程は期間一年半、ここでも授業の三分の二が実習、修了すると社会福祉・保健アシスタントになれます。ヘルパーの職務は家事援助、身体介護、基本的看護、活動援助など。アシスタントの職務はより高度なもので介護、看護、ヘルパーや他の専門職の中心的存在として仕事の調整を行うこと、またリハビリの補助などです。この課程の修了者は試験に合格すればより専門的な資格を取得するための学校に進学もできます。

職場は、社会福祉・保健ヘルパーの場合は在宅、介護センター、アクティビティセンターなど。アシスタントになるとこれらに加え、病院や精神障害者のための専用施設など。

ここで、特筆したいのは、基礎課程を除いて生徒はまずコミューンと雇用契約を結び教育期間中も賃金がもらえるということ。これはありがたいですよね。この仕事に就きたいと志を立てたとき、生活の不安をもたずに勉強に専念できるんです。日本ではとても考えられないでしょう。もちろん企業が派遣して大学で特殊な教育を受けるというケースはあるけれど、それはごく限られたエリートのお話。うーん、やっぱりデンマークはすごいなと思います。

そしてこの国で福祉の第一線で働いている人たちがもっているプライドのことはもうお話ししましたよね。福祉の三原則にもとづき、自分の仕事、人間の尊厳に対しても強烈な自負をもっている。まぶしいばかりの彼ら、彼女らの顔が思い浮かびます。それを裏打ちするように、社会的な評価もある。パートのかたちで勤める人も含め、ほとんどが公務員で、きちんとした身分保障もある。賃金ももちろん満足いくものでしょう。彼らは自信をもって仕事に取り組めるのです。

アメリカはどうだったでしょうか。

暗いうらぶれたナーシングホームで働いていた女性の投げ遣りな態度。ナーシングホームはただナースがいればいいだけのところでした。正看護婦か准看護婦かも問われません。他のスタッフは企業の利潤を上げるため低廉は労働力として、日雇い的ともいえるくらいの雇用条件で肉体労働を提供しています。現任教育もなにもない。そこで起こっていることは、もう一度繰り返して書くのがつらいくらいの状況です。

戦後の日本の社会福祉が方法論として学んだソーシャルワーク、それが確立されたのがアメリカでした。ソーシャルワーカーという職種もきちんと確立されています。でもお年寄りの現実には彼らの姿がなかなか見えてきません。福祉の先駆的歩みを一方でもちながら、抱える問題の深さ。ここにもアメリカの光と影が映っています。

ひるがえって日本はどうかといったら、高齢化・核家族化の進展のなかで、社会福祉が誰にとってもよそごとではなくなってきたことと呼応して、さまざまな資格制度がつくられました。身近なヘルパーも一級、二級などがある。国家資格として社会福祉士、介護福祉士など法律をつくって整備された資格制度です。児童福祉士というのもあります。私がとったケアマネージャーもあります。そのほかにも福祉分野の多くの資格がある。マンパワーということがいわれ、きたるべき超高齢社会を担う人材の確保が国のゴールドプラン、新ゴールドプランにも謳われました。人材を養成するための専門教育が大学や専門学校、高校レベルでも取り組まれてきています。

これなら、日本は万々歳とみなさん言えますか。

せっかく資格をとっても（しかも自弁で）働くところがない、職場があっても働き続けられない。一方で、人材は不足している。この日本の現実はなんなのでしょう。

いま、介護支援事業所を経営している当事者として、苦しいというのが本音です。志があっても、現実が立ち行かない。介護保険がスタートして時間が経過するなかで、多くの事業者がつぶれています。一方で、ヘルパーをまるで体のいい家政婦代わりにしているという報告も出されています。このあたりのことは、もう第三章で触れたことなんですが、何度でも言いたい。

福祉に携わる人々は日本ではまだ正当な評価を受けていません。介護も福祉も自分たちの問題といいながら、彼らが誇りをもって働ける社会にはなってはいないと思うんです。その象徴が圧倒的な雇用条件の悪さ。仕事の内容に対して報酬が低すぎる、身分保障もきちんとない、これでは情熱だけで続けられるものではありません。

保険制度のなかで、当事者負担の問題はありますが、介護報酬のあり方はもっと検討されなければならないだろうし、システムの根幹でもある保険と税のバランスの問題も含めて、まだまだ私たちは考えていかなければならないでしょう。

どんな「ベッド」を選ぶの？

三つ目にあげるキーワードは「ベッド」です。

在宅か施設かというのがよく問題にされます。でもこの区分はあまり意味がないんじゃないかというのが私の意見。施設と一口にいってもアメリカのナーシングホームならお金次第でピンキリだし、住み慣れたわが家で在宅をといっても、話はそう単純なものではありません。そこにあるのはどんなベッド、どんな暮らしなの？　ということを考えてみたいんです。

デンマークはどうでしょう。すでにお話ししたようにこの国では大規模な介護施設であるプライエムは今は否定されています。福祉の器としては在宅に大きくシフトしているといっていいでしょう。でも、在宅介護を支える住まいのかたちは実に多様。住み続けてきたわが家の改造もできる。保護住宅やケア付き住宅もある。グループホーム的な小規模の施設も、あるスタイルを選んだらそれですべてが決まりということもありません。身体の状況や暮らし方の希望で、住み替え、暮らし替えができます。

日本のお年寄りが何年も待機してやっと入った老人ホームを出ることなんて考えられないでしょう？　一度入ったら入ったきり。自分の希望で暮らし方を変えていく自由は今のところありません。デンマークでは、住まいのあり方もいろいろあるし、つまりはベッドのあり方もいろいろ。選択肢は用意されています。在宅が推進されていますが、そこに行く前に五人に一人が入れるだけの施設のベッドができていた。多彩なアクセスができ、自分の身体状況や家族との関係のなかで、一番合ったベッドを安心して選べるのです。

ベッドそのものではありませんが、暮らしということで話題をひとつ。

デンマークを訪ねたとき、かの地でデンマーク人の妻となって暮らしている日本人女性の方とお目にかかる機会がありました。デンマークで暮らす日本女性ってあんがい大勢いらっしゃるんだそうです。女性にとっては住みやすい国だろうな、と私も思いました。その彼女たちの悩みが自分たちの老後なんです。

もちろん福祉は充実しているので生活の不安はありません。では何にこだわっているかといったら、食事なんです。やはり日本人、長く日本を離れていても日本料理は恋しいものなのだそうです。それでも主婦として自分たちが料理をしている間は、ときに日本料理を作って家族とともに楽しむこともできる、でも年をとって人に作ってもらうときになったら日本料理を食べることはままなりません。

そこで彼女たちは考えました、日本人のための老人ホームをつくろうと。いま、そのための準備が着々と進められているそうです。長く住んでその国に馴染んだ方でも、年をとればとるほど故郷への郷愁はつのるもの。こんなことをいったら叱られてしまうかも知れませんが、痴呆のお年寄りにも子ども時代の記憶は残るもの。あのデンマークのカリタスで、オールド・デンマークの生活が再現されていたように、日本人のための老人ホームにも、畳のお部屋や日本庭園が再現されたら、どんなにかすてきなことでしょう。食事とともに、生活様式そのものも、きっと年をとった方にとってのＱＯＬに結びつくのだろうな、と思ったのでした。

テーマを再びベッドに戻し、日本の場合を見てみましょう。

介護保険を始めようというとき、これからは在宅だ、みなさん住み慣れたわが家に住み続けたいでしょう、と政府はいいました。もちろん暮らしたいのはやまやまです。でも身体の自由がきかなくなったとき、骨折して後遺症が残ったとき、介護者が疲れ切ってしまったとき、お年寄りを受け入れてくれる十分な施設があるでしょうか。

在宅、在宅といっても、たとえば日本の住まいの現実はおそまつなもので、ベッドを入れてゆったりと介護できるような十分な空間はなかなか確保できません。靴を脱ぐ習慣がある日本家屋の作りでは、車椅子を使うのも困難だし、室内でも屋外との間でも段差の問題はいつもつきまとってきます。じゃあ、欧米式の住宅にしたらいいじゃないかといっても、みなさん、わが家に帰っても靴をはいているのに我慢できますか。畳にごろんと横になるあの快感を捨てられますか。日本の住まいは日本の風土にあったものとして、歴史的に育まれたもの。身に付いた暮らし方への愛着もあるし、そもそも合理性もあるものだと思います。

障害の状態に応じて住宅改造がお金の心配なくできたり、からだに不安があるとき一時的に入所したり、ケアを受けながらもできることを自分でやりながら暮らせる小さなサイズの集合住宅があれば、老後の不安もずいぶん違うんじゃないでしょうか。日本では、高齢者のための施設の種類も、そしてなにより絶対的なベッドの数が不足しています。選択ができる、いざとなったらいつでも入れる十分な施設が準備されて初めての在宅であるはず。それをいきなり在宅にいってしまった。いまの日本のやり方は、遠くの施設に老人を捨てるかわりに、わが家に閉じこめ、そこに打ち捨ててしまっている、といえないでしょうか。

アメリカはどうかといえば、何百万床というベッドの数はあります。まだ需要に追いつかないというけれど、とにかく民間活力で施設はたくさんつくられた。でもそれは、メディケイド・ミルといわれてしまうもの！　人間的な住まいともいいにくいものもあります。それでも、企業は保険を食いつぶし、市民はパンクし、破産する。施設ばかりつくったことで、失敗してしまったのです。

施設型でいくの？　在宅型なの？　と問うたとき、そもそもそれはベッドの問題。どこにあるどんなベッドなのかということです。三つの国を比較しても、単純なベッドの数やその割合ではだめ、有意義なベッドがどれだけあるかのカウントが大事なんです。

高齢者が安心して、お金の心配もなく、最終的に自分の人生を閉じるベッドとしてどこが適切なのか、どこを望むのか。みなさんもご自分の選択として、ベッドに焦点を当てて福祉の問題を、これからのあり方を考えてみてほしいのです。

女性のポジションが福祉を決める

最後に選んだキーワードが「女性」です。

北欧では、デンマークに限らずどの国も自然条件が厳しく、人々は助け合わなければ生きていくことができませんでした。この地域で福祉制度が発展した大きな土台でもあります。また、とても貧しく誰もが働かなければ生活できませんでした。女性たちも例外ではありません。パンを稼ぐのは女性の力、といわれるくらい重要な働き手だったのです。デンマークでも女性はずっと働いてきたし、とくに戦後の産業化が進展した時代には、明確な社会進出がすすみました。

デンマークの福祉の歴史をたどるなかで、すでに触れましたが、女性が社会に出ることによって、それまで彼女たちが担っていた介護や育児が社会の側の仕事になったのです。女性の働き方は腰掛けや片手間ではなかったので、安心して働けるためのサポートシステムが要求されました。その要求が現在のような福祉の体系的な仕組みをつくらせたわけです。女性閣僚がたくさんいることでもわかるように、女性の進出は社会のあらゆる場面に及びましたから、政治の世界も当然です。

彼女たちは、男性たちも巻き込みながら、子どもたちが暮らしやすい、お年寄りに不安のない社会をつくろうとしました。それはとりもなおさず、人間的な誰もが見捨てられることのない社会でした。そして、自分たちの国、自分の民族ということだけでなく、難民を受け入れたり、地球の環境問題にも積極的にかかわりながら歩んでいます。教育も含めた環境政策については、もうお話ししましたよね。私自身が女性ということもあるんですが、命を生み出す性としての女性は、いのちや平和、環境というテーマにことのほか敏感なような気がします。いずれにしても、デンマークの福祉を押し進めたパワーの大きな一翼が女性たちだったと思います。

アメリカの女性たちのことを考えてみます。ウーマンリブの国アメリカでは女性のパワーはさぞかし強いだろう、とみなさん思われますよね。ところが現実はそうでもないんです。この国はかなりの亭主関白の気風があります。とくにネイティブアメリカンといわれる南部や中部の地域では保守的な人々が大半。女性は家にいるものという前近代的な意識がまだ根強い。私はつねづねその国の本当の姿を知るには、ネイティブな基層となっている人々に注目しなければならないと思っていますが、ニューヨークやワシントン、ロサンジェルスをみてもアメリカの姿はわからないのです。

女性が活躍しているじゃないか、とおっしゃるかも知れません。前大統領夫人のヒラリーは現在上院議員です。ブッシュ政権のライス大統領補佐官は有能な黒人女性です。かつて日本との貿易交渉に臨んだ経済担当の閣僚も女性がいました。みな素晴らしく優秀な人たちです。確かに彼女たちを政治の表舞台に登用する度量がアメリカにはあるといえるでしょう。日本の女性大臣がことあるごとに、官僚や同僚議員に足をひっぱられるのとはちょっと違いますよね。

でも、彼女たちはほんの一握りの人たちです。ごく一般的な人々のありようとは全く違うということ。華々しい光だけを見ていては目がくらんで、影にひそむものは見えてきません。セクシュアルハラスメントが問題になり、裁判もよく起こされます。日本男性の常識はアメリカの非常識ということで、セクハラ対策のマニュアルをつくったり日系企業は戦線恐々。でもこれは裏を返せば、セクハラは日常的なもので、アメリカ男性のなかにも根強い女性蔑視があるということです。だからセクハラが問題になる。ドメスティックバイオレンス（ＤＶ）もしかり。日本でもようやくＤＶ防止法が施行されましたが、名実ともに認める男尊女卑の国日本で女性への暴力が日常化しているのは、残念ながら予想できることですが、アメリカはこの点でも「先進国」。暴力は深刻で、それだからこそシェルターが各地につくられているわけです。ただただ、レディーファーストの国と思ってはだめみたいです。

庶民の女性たちは暮らしのために働いていますが、デンマークのような平等なあり方とはいえません。そうして家計を支えてきた彼女たちがひとたびわが家に病人が出ようものなら、看護や介護のために仕事をやめなければなりません。なぜなら、介護や医療にかかるお金は彼女たちの稼ぎよりずっと高額だから。稼いで入るお金より外に払う金額が多かったら当然ですよね。

こうして、本当の意味での女性のポジションは低く押さえられたままなのがアメリカの姿。どうして、彼女たちが声をあげていかないのか、アメリカは資源も豊かで本質的には貧しい国ではないから、デンマークのようにそうしなければ生きていけない国ではなかったからでしょうか。

日本のなかの女性の姿はどうでしょう。

日本でも実は、米どころの農村地帯では、今でいう福祉ネットワークのようなものが古くから形づくられていたそうです。実際に、米どころは山形の置賜におじゃましたとき、その話をうかがう機会もありました。農繁期はたいへんな忙しさで、もちろん今のような大規模な農業機械もなかったわけですから、その苦労は想像もできません。結いなどの手間の貸し借りは日本中どこでも見られる習慣ですが、共同作業を行うなかで、たとえばお寺を使ったりして介護の必要なお年寄りや赤ちゃんなどの面倒をまとめてみる、こんにちでいえばデイホームのようなシステムが自然発生的につくられていたそうです。貧しさのなかで懸命に働きながら、女性たちは共闘していたというわけ。

かつて、コミュニティが十分に機能していた頃は、日本のいたるところで小さな取り組みはあったのかも知れません。重要な働き手で、女も一目置かれていたから発言権もあったし、行動することができたんだ、という農家のお母さんたちの言葉にうなずくことしきり。そうか、女の働き方が社会を決めるのかと。きっと朝市で野菜を売っているおばさんや、大きな籠をしょって行商しているおばさんたちは、わが家では一目も二目も置かれた存在なんだ。

でも、さまざまに社会で働く女性がいながら、その声がきちんと届かないのが日本の今の状態です。賃金や昇級など、男女雇用機会均等法ができても目に見えた変化があるとはいえそうもないし、男女共同参画社会基本法ができても、なにか遠くで聞こえる叫びのよう。政治の世界は最たるもので、女性の割合は一向に増えているとはいえそうもない。企業も、政治も、行政もまだまだ男社会。「女性で初めて」が話題になる社会です。

もっと力をつけて、女性たちが共闘して二十一世紀はどんな社会にしたいのか、自分はどうかかわるのか、腹をくくる時が来ているんじゃないでしょうか。だって、天の半分を支えているのは私たち女性なんですから。

ここまで、いくつかの視点から三つの国のありようを見てきました。それは、最初に書いたように、日本のこれからの姿をどうしていくのか、それを考える手がかりにしたかったからです。もう、みなさんにもおわかりだと思いますが、日本はこのなかでは中間的な位置にいます。二十一世紀のあり方として、政府は医療分野ではマネージドケアの導入を考え、介護分野では民活路線による社会資本の充実などと提唱しています。どこかで聞いた話。そうアメリカ志向を打ち出しているともいえるでしょう。でも、アメリカはけっして進んだシステムをもっているわけではありませんでした。デンマークの姿を選ぶためには、税金や社会保障費など国に貯蓄する覚悟が必要です。どういう姿を選ぶのか、まだ選択する時間はあるはず。いまがそのリミットかも知れませんが。

老いも死も人間にとっては自然なこと。当たり前に年をとり、静かなゆるやかな時間の流れのなかで、老いを生き自然に死を迎えていくデンマークの人々。赤いカーディガンは、光や色彩を愛し日常に取り入れている彼女たちの幸せの色でした。老いることを拒み、穏やかな死ではなく突然死を望むアメリカの人々。アクティビティに励み、老いを遠ざけようとする人たちがまとう赤いカーディガンは虚勢の色をしていました。

いまこれからの道を選ぼうとする私たちにとって、老いや死はどうとらえられているのでしょう。あなたは、どんな色のカーディガンを選びますか。

感謝の言葉

まず、この本を出版するきっかけを作ってくださった、女性起業家としても大先輩であられる、株式会社桜ゴルフ代表取締役佐川八重子女史、我社創立以来ご指導いただいている渭東祥悟氏に感謝したいと思います。

執筆にあたっては、貴重な資料を提供してくださったデンマーク通商代表事務所所長アナス・リスベルク・ペターセン氏はじめ、赤池曉美女史、日本・デンマーク貿易センター関西支店代表小林一英氏、友ライフアシスト株式会社代表取締役水田ハルコ女史にお世話になりました。また、コペンハーゲン大学小林隆教授、アルバート・アインシュタイン医科大学精神医学臨床名誉教授・コロンビア大学医学部生命の質研究日本センター学術部長竹友安彦先生には、多方面よりご指導頂きました。深く感謝いたします。

そして、初めからこの本を作り上げるためのアイディアをくださった、株式会社アートデイズ代表取締役宮島正洋氏、辛抱強く誠実きわまりなく私を支え、執筆に協力してくださった夏目恵子さんに、心より御礼申し上げます。

私の尊敬する聖路加国際病院理事長日野原重明先生には、このテーマを私のライフワークとする協力を頂いた上に、素晴らしい序文まで賜りましたことを誇りに感じ、深く深く感謝しております。

最後に、この本の執筆を終えた今、こうしてご支援頂いた皆様のお名前を挙げるだけで、一冊の本が出来上がることにも増して、私は大きな幸せを感じています。

谷口郁子(たにぐち ふみこ)
1982年共立薬科大学卒業。薬剤師国家資格取得。昭和電工生化学研究所入社。85年同社退社の後、調剤薬局勤務。89年「地域のかかりつけ薬局」を目ざした調剤薬局チェーンをつくるため、イムノエイト(株)を設立、代表取締役となる。93年～95年病院経営学を学ぶため滞米。99年日本の介護保険スタートに合わせてイムノ介護支援事業所を設立。現在、ケア・マネージャーとして介護の現場でも働く。

あなたはどんな「老い」を生きたいですか?

二〇〇二年四月 十 日 発行
二〇〇六年三月十五日 二刷

著 者 谷口郁子
装 丁
イラスト 山本ミノ
発行者 宮島正洋
発行所 株式会社アートデイズ
〒160—0008 東京都新宿区三栄町17 四谷和田ビル
電 話 (〇三) 三三五三—二二九八
FAX (〇三) 三三五三—五八八七
http://www.artdays.co.jp
印刷所 中央精版印刷株式会社

乱丁・落丁本はお取替えいたします。